中外机动车驾驶证互认法律问题研究

周志强　柴　蕊◎编著

STUDY ON THE LEGAL ISSUES OF FOREIGN MOTOR VEHICLE DRIVING LICENSE RECOGNITION

人民交通出版社股份有限公司
China Communications Press Co.,Ltd.

内容提要

本书介绍了中外机动车驾驶证互认时代背景,从互认方式、特点、影响因素及成果等方面介绍了中外机动车驾驶证互认情况,系统梳理《国际道路交通公约》的内容、特点、法律适用并开展比对分析,论证中外机动车驾驶证互认的重要意义并提出中外机动车驾驶证互认模式。

本书可供机动车驾驶证国际化研究人员、国际道路交通工作者以及机动车驾驶证管理制度研究人员参考。

图书在版编目(CIP)数据

中外机动车驾驶证互认法律问题研究/周志强,柴蕊编著.—北京:人民交通出版社股份有限公司,2018.8

ISBN 978-7-114-14969-6

Ⅰ.①中… Ⅱ.①周… ②柴… Ⅲ.①机动车—交通运输管理—法规—研究—世界 Ⅳ.①D912.140.4

中国版本图书馆 CIP 数据核字(2018)第 185361 号

书　　名:中外机动车驾驶证互认法律问题研究
著 作 者:周志强　柴　蕊
责任编辑:董　倩
责任校对:孙国靖
责任印制:张　凯
出版发行:人民交通出版社股份有限公司
地　　址:(100011)北京市朝阳区安定门外外馆斜街 3 号
网　　址:http://www.ccpress.com.cn
销售电话:(010)59757973
总 经 销:人民交通出版社股份有限公司发行部
经　　销:各地新华书店
印　　刷:中国电影出版社印刷厂
开　　本:880×1230　1/32
印　　张:5.625
字　　数:133 千
版　　次:2018 年 8 月　第 1 版
印　　次:2018 年 8 月　第 1 次印刷
书　　号:ISBN 978-7-114-14969-6
定　　价:40.00 元
(有印刷、装订质量问题的图书由本公司负责调换)

前言 Preface

近年来,我国机动车保有量迅速增加,机动车驾驶人总数急剧攀升,机动车出行已经成为人们的首选方式。同时,随着我国社会经济的快速发展,国内外人员流动日益频繁,驾驶人驾车范围开始逐渐由境内延伸至境外,对境内外机动车驾驶证互认换领的需求日益增加。据统计,2017 年,我国出入境人员总数达到 5.98 亿人次,同比增长 4.76%。同年,公安部和交通运输部联合出台的驾考改革意见要求,积极开展驾驶证互认工作,提升我国驾驶证国际认可度,进一步满足公民的出境驾车需求。对此,公安部道路交通安全研究中心围绕中外机动车驾驶证互认法律问题开展专项研究,为推进中外机动车驾驶证互认制度化与法律化建设提供支撑。

本书以“全球化和国际道路交通规则统一化”为研究背景,围绕中外机动车驾驶证互认法律问题开展研究,从理论与实际、实体与程序的角度提出中外机动车驾驶证互认模式。本书共分为 7 章:第 1 章介绍了全球化与国际道路交通规则统一化为实现中外机动车驾驶证互认创造的时代机遇。第 2 章重点从中外机动车驾驶证互认方式、特点、影响因素及成果四个方面介绍了中外机动车驾驶证互认的基本情况。第 3 章剖析了我国开展中外机动车驾驶证互认工作的必要性。第 4 章系统整理归纳了《国际道路交通公约》的内容,并分析其特点。第 5 章比对分析了《国际道路交通公约》与我国现行道路交通安全法律法规的异同性。第 6 章分析了《国际道路交通公约》的适用规则。第 7 章提出了中外机动车驾驶证互认的模式及其现实意义。

感谢公安部道路交通安全研究中心王秋鸿、牛清宁、于鹏程、刘晓晨等几位同志在本书编写过程中完成的大量资料收集整理工作。特别感谢公安部道路交通安全研究中心罗芳芳、黄婷以及中国人民公安大学李蕊教授在本书编写过程中给予的大力支持。与此同时,本书还参考和引用了国内外同行的研究成果和文献资料,在此一并表示衷心的感谢。

由于作者水平有限,书中难免存在不足之处,敬请广大读者批评、指正。

作　者

2018 年 7 月

目录 Contents

第1章　中外机动车驾驶证互认时代背景

近年来,我国经济持续发展,公民因私因公出境旅游、学习、工作等次数日趋增加,出入境人次呈现巨大增长,屡创新高。2017年,我国公民出入境人次总数达到5.98亿人次。据有关数据显示,2016年,我国公民境外自驾游人次为407万人次,是2013年的29倍,而且这种数倍增长的态势正在不断扩大。能够持国内驾驶证在境外驾车,已成为我国公民热切的期盼和急迫的需求。实现我国驾驶证国际化,解决驾驶人境内外机动车驾驶证互认互换问题,是提升人民群众的获得感、幸福感的最好践行,有助于打造与我国外交大国、交通强国相匹配的"交通身份名片"。《国际道路交通公约》(以下简称《公约》)与法律全球化,两个表面上看似相去甚远的概念,随着近些年社会广泛支持我国加入《公约》的热潮兴起,又再次被联系在一起。随着法律全球化的推进,国家间道路交通规则与道路交通安全管理正逐渐产生更加密切的关系。也可以说,法律全球化是国际道路交通规则统一化的助力,《公约》则是法律全球化推动的重要成果。因此,对于《公约》的研究,将有着非常重要的理论意义与实际意义。

第1节　全球化与法律全球化

近些年,在全球化的推动下,特别是在经济全球化的带动下,各个国家的交往交流进一步加强,法律全球化也逐渐被越来越多

的人所关注。

一、全球化

全球化是20世纪80年代以来在世界范围内日益凸现的新现象，是当今时代的基本特征。全球化正在迅速改变着我们生活的方方面面。交通的进步促进了人员和物质产品的全球化，互联网的发展促进了精神产品的全球化。总的来看，全球化是一个以经济全球化为核心、包含各国各民族各地区在政治、文化、科技、军事、安全、意识形态、生活方式、价值观念等多层次、多领域的相互联系、影响、制约的多元概念。

全球化是社会各个领域跨越国界的相互连通，最主要的是经济、文化、政治和法律四个领域。首先，经济全球化是全球化最初和最集中的形态，指的是贸易、投资和金融在全世界范围的自由流动，例如，货物、资本和服务跨越国界进入其他国家的市场，要越过法律和行政的最低限制。各种生产要素，包括资金、资源、技术、管理、劳动力、市场和服务等，超越民族国家的界限，在全球范围内自由流动和有效配置，世界经济活动的相互依赖性增强。其次，文化全球化是不同国家和文化的联系越来越密切，不同的观念、时尚、食品、信念和娱乐的传播，有时候也包含控制、标准化或协调化的过程。第三，政治全球化主要关注的是“公共秩序”，例如，联合国大会在国际公共政策方面的作用，或联合国的其他部门在处理公共健康、道路交通和环境气候方面的作用等。在新一轮全球化浪潮中，最明显的政治特征是国家之间由政治对抗转向对话与合作，共同合作和全球治理成为当今国际政治发展的主要趋势。同时，由于全球化所导致的一系列全球性问题的出现，各国政府所面临和关注的共同问题日益增加，需要政府间协商对话、共同合作才能解决，这就推动了世界各国政治行为的全球协作和全球治理。最后，市场经济的推动、跨国商业活动的活跃、国

际条约和制度的增加使不同的法律规则、制度和程序发生了改变,这些改变的过程就是法律全球化。

二、法律全球化

法律全球化指的是国家法律的协调化、法律程序的标准化、国家法律制度和争议解决机制间的相互联系、法律制定、法律执行和法律事务的国际化。经济的全球化给法律带来了巨大的影响和变革,并对传统的法律概念、法律规则和法律制度等提出了新的挑战。市场经济的跨国拓展、跨国资本市场的出现、信息交流技术的发展都迅速地促进了全球化的发展,也开始改变传统的社会秩序,特别是建立在主权国家之上的法律观念和秩序。非国家法在法律全球化中起着越来越重要的作用。全球化的发展促进了法律全球化的发展,法律全球化的发展反过来也影响着全球化的发展。大量的政府组织和非政府组织在全球化的进程中已经参与相关法律的制定活动之中。

从法律变革或者从法制现代化的角度来说,经济全球化必然带来社会法制的深刻的历史变革和模式替换,“经济一体化和非国家化不单纯是经济的,它以国家的政策与法律的变革为先导,同时又进一步推动了国家政策与法律的变革。而这些法律变革的基本原则和最终目的就是增加法的可预测性、可计算性和透明度,即实现法治,以保证资本能跨国界的自由流动,保证世界范围内的贸易自由。”如前所述,交通技术的发展为经济一体化提供了物质和技术上的条件,经济一体化又促进了交通一体化的发展,而交通一体化又对国际道路交通规则提出了统一化的要求。交通是通过网络进行的人与物的运动,是“通过一定的组织管理技术实现运载工具在公共交通网络上流动的一种经济活动和社会活动。公共交通网络及其运载设施、运载工具和组织管理是构成交通的三个要素。在这里运输对象人与物融合于运载工具之中。"人、物与技术的完美融合实现了交通的价值。交通可随着三者的融合不断延展，直至其能够到达的地方。没有三者的一体化，就不会存在交通。

从交通活动本身来说，交通也具有高度一体化特征。当交通从最初的单一运输方式逐渐过渡到综合性运输方式之后，节点设施连接和多式联运更突显了这种特征。但交通一体化不限于交通设施本身。由于交通环境直接影响交通的运行与延展，因此交通与交通环境是处于一体化之中的。交通设施的一体化、运营业务的一体化、组织机构的一体化，以及为保障交通运行所实施的交通政策与土地利用政策、环境保护政策、社会保障政策等均包含于广泛意义上的交通一体化之内。交通具有一体化的特性，但交通发展不仅受到技术与资源的制约，还受到政策与规范的影响。经济全球化带来了交通一体化的需求，而在经济全球化驱动下的文化、法律全球化，决定了必须通过统一的道路交通规则来保障经济全球化过程中的道路交通安全问题。通过立法与法律的实施，解决在交通基础设施建设、运输服务、体制机制、通行规则、机动车安全、驾驶人安全等方面的问题，引领和保障经济全球化的进一步发展。

由于国家间的道路交往日益密切，全球道路交通问题逐渐产生，全球的道路交通安全立法开始出现趋同化与统一化的现象。以各个国家有关道路交通安全立法的原则为例，各国在国内法中有关道路交通安全的管理相关法律开始逐渐由处罚向管理类转变，在兼顾到违法处罚的情形下，更着重从原则上体现维护道路交通安全这一目的。随着国家间的交流交往，在法律全球化背景的推动下，道路交通安全这一原则逐渐被诸多国家所接受，从而内化成国内法或相关原则。由此可见，法律全球化对道路交通规则统一化的推动是不可小觑的。

总的来看，道路交通规则统一化表现在各国的立法趋于一

致、在内容与表述上出现日渐趋同的迹象。前文谈及的道路交通安全的立法原则便是最好的体现。当某一原则或规定成为国家间普遍接受的原则或规定后,将成为某一区域范围内的普遍共识,这便有助于达成区域间的协定与规则,从而逐渐形成道路交通规则的趋同化与统一化的发展趋势。当道路交通安全成为区域间与各个国家普遍认可的原则后,各个国家便开始完善自身制度,这就是道路交通规则在适用上统一化的表现,也是法律全球化对国际道路交通规则统一化的推动。

第2节 国际道路交通规则统一化

在国际交往和法律全球化的推动下,国际道路交通规则统一化逐渐发展,并体现在内容涉及面广,适用范围大;在形式上以条约为主;在参与国际道路交通规则统一化工作的过程中,缔约国往往作出保留,也会充分平衡不同主体间的利益,以追求交通安全与秩序利益为重要价值。

一、国际道路交通规则统一化的含义

随着国家间道路交往的日益密切,道路交通安全这一主旨经过国际实践与关注,逐渐成为世界各国日益关注的内容。各国在道路交通立法中也日益突显道路交通安全这一中心,并围绕这一中心制定了相应的通行规则等内容。在维护道路交通安全这一主旨得到国家间的普遍认可和认同后,国际道路交通规则统一化便成为可能,主要反映在通行规则,驾驶人管理,车辆管理上的一致性。因此,随着国际道路交通规则统一化与《公约》实践的进一步发展与推进,国际道路交通规则统一化走上了国内法与国际法并行的道路。

二、国际道路交通规则统一化的特点

《公约》是缔约国数量最多的涉及道路交通规则的多边条约，也是国际道路交通规则统一化的重要成果之一。仔细分析《公约》的制定过程及最后文本，不难看出，在道路交通安全已经被认可为一项国际习惯法规则后，国家间为了本国道路交通安全的考虑，往往会对条约或协议中的内容进行某种修正或补充，从而希望既照顾主权国家的政治诉求，又照顾各国道路交通发展的经济诉求。《公约》中反映出的国际道路交通规则统一化有如下特点。

第一，国际道路交通规则统一化内容涉及面广，适用范围大。不论是从程序法的角度还是实体法的角度，国际道路交通规则统一化的内容涉及道路交通的方方面面，既包括道路交通规则，也包括车辆和驾驶人以及其他道路参与者的管理。究其根本原因，是每个社会个体都与道路交通规则有着密切的联系，人们每天都以各式各样的方式与道路交通规则"相处"，国际道路交通规则统一化所产生的影响范围、适用范围非常广。

第二，国际道路交通规则统一化的形式以条约为主。从1909年第一部在巴黎签订的《关于汽车交通的国际公约》开始，对于道路交通规则统一化的规范性文件通常都是以条约的形式确立。这是由于国际道路交通规则统一化的参与主体通常为国家或国际组织，其以国际法为标准，在国家间缔结并为缔约方创设权利或义务。条约符合上述要求的性质，而采用公约这一名称是由于该国际文书一般是由国际会议通过的国际协议，具有"立法性"的性质。

第三，国际道路交通规则统一化的参与主体多，但均提出相应保留。以《公约》为例，缔约国已经达到一百多个，但是大多数缔约国均根据本国交通管理的实际情况提出了相应保留内容。虽然各国的道路交通法规的基本结构包括总则、通行规则、交通信号、机动车与非机动车、驾驶人、驾驶证、道路使用规则、事故处理规则、违法处罚规定以及附件等内容，但是各国的具体情况仍有差异，因此，各缔约国均对《公约》提出了保留并作出调整。

第四，国际道路交通规则统一化是普遍安全利益与个别安全利益平衡的结果。一个国家如果想获得个别安全，就道路交通而言，最简单直接的方式是杜绝外国车辆进入其领土，但是，这样导致的结果必然是任何国家的车辆都只能在本国行驶。而这对于需要交通交流的国家而言是不能被接受的。国家的普遍安全是通过统一的道路交通通行规则和统一主权国家的权利及行使程序的方式，使国家对外国车辆和外国驾驶人的驾驶行为处于主动状态而实现的。如果缔约国均具有这种保证本国安全的权利，则普遍安全就自然建立了，国家间的道路交通交流、交往也就能够顺利开展。

第五，国际道路交通规则统一化是国际合作与摩擦的成果。摩擦和合作均有可能为国家带来利益，但是一般而言，合作往往是国家的首选交往模式。《联合国宪章》第一条第3款提出，以“促成国际合作，以解决国家间属于经济、社会、文化及人类福利性质之国际问题”为目标。对于发达国家而言，加入、调整国际道路交通规则的条约能够进一步促进国家的道路交通事业发展，使其在道路通行中掌握更多主动权；但是对于发展中国家而言，加入、调整国际道路交通规则的条约，对本国道路交通安全的影响有时难以评估。同时，有时国际合作不仅限于所合作领域内的利益博弈，而且是国家间的整体关系视角下的博弈。国际道路交通领域的合作在发生交通事故时难免会涉及刑事领域，因此会导致国家诉讼管辖、立法等主权范畴都被进一步限制、扩展与修正。

第六，国际道路交通规则统一化追求交通安全与秩序利益。《公约》旨在统一交通规则，便利国际道路交通和加强道路交通安全，因此，其在对于道路交通安全的具体内容和制度建设上作出

了安排,诸如对道路规则,准许汽车和挂车进入国际交通的条件,驾驶人等内容都制定了具体的标准和措施。《公约》通过对上述内容的具体规定,意在加强国家间道路交通的交流和交往,进而实现道路交通规则统一化。在统一的规则下,各国之间能够寻找到道路交通安全与秩序利益的平衡点,实现道路交通安全的最大化。

三、国际道路交通规则统一化的主体

国际道路交通规则统一化的主体包含两个层面:一个是进行国际道路交通规则统一工作的组织、协调与研究的主体,即国际组织;而另一个是国家。

大多数与国际道路交通相关的多边条约是国际组织主持制定的。虽然公约能否通过、是否生效在本质上仍然依靠国家的表决、批准、加入及信守条约的行为,离开国家的上述行为,公约并不能够通过和生效。而且国际组织本身并没有权利决定一个公约的通过和适用,它只是公约借以创制、修改和生效,有时还包含实施的机制。但是国际多边公约现在基本由国际组织主持制定和通过,国际组织仍然是国际法律统一化的主要机制。“国际组织无意于在起草公约过程中成为准国家或政府。以往及现在,之所以要建立国际组织,都是为了实现有限的宗旨,即主要是为了推动缔结某些条约,集中进行讨论并向政府提出建议,以及在受到严格限制的议题方面作为解决争端的场所。”因此,国际组织推动缔结条约是其建立的主要宗旨之一。具体实施中,国际组织在必要事项是否需要向缔结条约方的各国征求意见,召开有关的外交会议讨论有关公约的草案,并依据表决程序进行表决通过,供各国批准和加入。条约缔结的整个过程都是在国际组织的组织下进行的,缺乏国际组织的推动,国际法的统一化运动无疑将是举步维艰的。

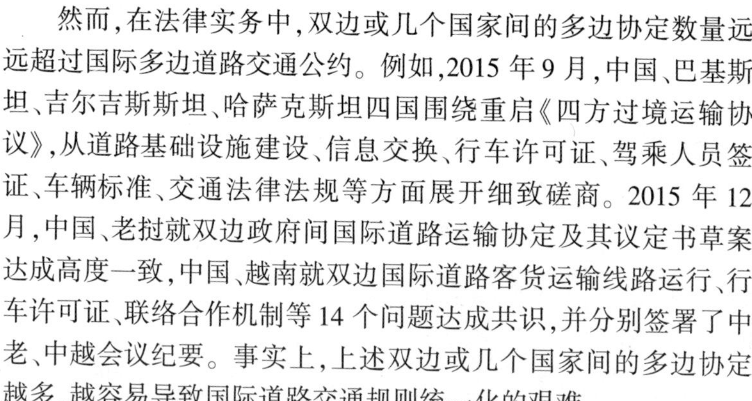

然而,在法律实务中,双边或几个国家间的多边协定数量远远超过国际多边道路交通公约。例如,2015 年 9 月,中国、巴基斯坦、吉尔吉斯斯坦、哈萨克斯坦四国围绕重启《四方过境运输协议》,从道路基础设施建设、信息交换、行车许可证、驾乘人员签证、车辆标准、交通法律法规等方面展开细致磋商。2015 年 12 月,中国、老挝就双边政府间国际道路运输协定及其议定书草案达成高度一致,中国、越南就双边国际道路客货运输线路运行、行车许可证、联络合作机制等 14 个问题达成共识,并分别签署了中老、中越会议纪要。事实上,上述双边或几个国家间的多边协定越多,越容易导致国际道路交通规则统一化的艰难。

四、国际道路交通规则统一化的规则范围

国际道路交通规则统一化的规则范围非常广泛,它不限于对各国国内法的一致性归化。国际道路交通规则统一化存在国内法统一化和国际法统一化两个层次。国内法统一化又可分为两个层次:一是一国内部法律统一化运动,此种运动为一国立法问题,并不能解决不同国家之间的法律冲突。二是国际社会通过国际立法方式统一各国的国内法,使各国在国际事项上采取统一的法律规则;这也是国际法统一化的核心,《公约》的颁布便属于这一层次,是对大陆法系与普通法系各国道路交通规则统一化的一次典型尝试。

“公法是对全球化的调控,是对全球化的驯服和规制。”在一定程度上,公法对全球化的驯服和规制在深层次上体现为国家主权对全球化的某种抗争,其结果是公法领域无法实现国际统一化的目标。但是这并不妨碍国际社会创制公法规则,而这些规则必将在某种程度上与各国的国内法律规则衔接,或者将其规定的义务转嫁到各国国内公法之上,从而实现有限制的公法统一化。以《公约》第十三条第 2 款为例,它规定了缔约国应当对所有道路进

行限速规定。这表明,国际社会并不存在统一的关于道路限速的有关具体规定,这些具体规定的制定是各国主权的范畴,应当由各国自行制定。但是同时,《公约》要求各国必须制定道路限速规定,否则,《公约》将无法实现其法律效果。因此,在公法领域的国际统一化不是对各国国内法的统一化,而是将各国尚未达成统一共识的有关公法事项和落实工作,交由各国自行制定法律并依其司法与执法程序进行规范。

五、国际道路交通规则统一化的历史发展

国际道路交通规则统一化一直都是被广泛讨论的话题,它是各个国家和国际组织根据自身地位、国家利益和宗旨不遗余力推动的领域,也是各个国家在交通方面根据自身国家安全和国家利益进行的博弈。在1909年至2016年这一百多年的时间中,关于国际道路交通规则统一化的法律制度日益丰富并日趋完善,但是由于国际道路交通安全涉及国家之间的安全与经济利益,所以在统一的道路上仍然存在一定困难。

1909年至1931年是国际道路交通规则统一化的"酝酿阶段",这一阶段颁布了国际道路交通规则统一化的雏形文件,且为以区域性为特点的区域性统一化文件。1909年10月11日,在巴黎签署的《关于汽车交通的国际条约》,对于汽车的制造、车辆进入国际交通、标志和信号等问题作出了规定。随着汽车交通的发展,1926年4月24日在巴黎修订并扩大了1909年《关于汽车交通的国际条约》的内容,达成了两项新的公约《关于道路交通的国际公约》和《关于汽车交通的国际公约》。上述两项条约的基础案文主要采纳了国际联盟调查道路交通问题特别委员会起草的草案、法国政府和瑞典政府提出的草案,对部分警示标志进行了标准化规定,但并未能够完全解决路标和信号的问题。为了弥补这一不足,1931年在日内瓦又达成了《关于统一路标的公约》。与

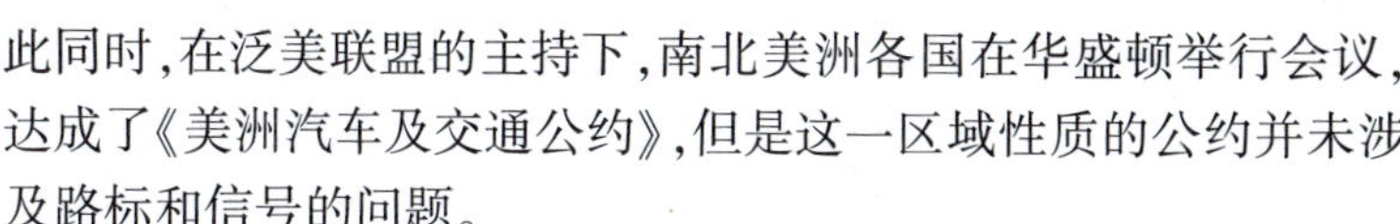

此同时，在泛美联盟的主持下，南北美洲各国在华盛顿举行会议，达成了《美洲汽车及交通公约》，但是这一区域性质的公约并未涉及路标和信号的问题。

从1909年颁布的《关于汽车交通的国际公约》到南北美洲各国达成的《美洲汽车及交通公约》是国际道路交通规则统一化的“初期”阶段，其特点可以归为以下三点。

第一，以参与国的国内法为基础。此阶段的国际道路交通规则多处于创新时期，其中大量内容是以参与国的国内法律为基础的。由于各国在对道路交通规则的要求上可能存在差异，此类公约的缔结是国家利益和交通规则在一定程度上的妥协与让步。

第二，制度涉及漏洞较多。虽然1909年《关于汽车交通的国际公约》对汽车的制造、车辆进入国际交通、标志和信号等问题作出了规定，但1926年《关于道路交通的国际公约》和《关于汽车交通的国际公约》和南北美洲各国达成的《美洲汽车及交通公约》，均未对路标和信号问题作出具体规定。由此可见，该阶段国际道路交通规则的制定，由于缺乏立法经验，理论研究不足，对于参与国而言着实存在一定困难，一些条约漏洞在所难免。

第三，参与国参与热情不足。《关于道路交通的国际公约》和《关于汽车交通的国际公约》的基础文件主要是以国际联盟调查道路交通问题特别委员会起草的草案、法国政府和瑞典政府提出的草案为依托，而没有参考更多国家的道路交通安全立法，这从侧面反映出参与国热情不高，也表明此阶段的国际道路交通规则统一化背景尚不成熟。究其原因，国际道路交通运输在当时仍是少数欧美等经济发达国家涉足的领域，对于亚洲和非洲等国家而言，国际道路交通交流较少，对于统一的国际道路交通规则的需求度不高。

1948年至1949年是国际道路交通规则统一化的“发展阶段”。1948年，联合国经济及社会理事会注意到，1926年和1931

年制定的公约均已过时，提出在日内瓦召开联合国道路和汽车交通问题会议。1949 年 9 月 19 日，在日内瓦召开了联合国道路与机动车运输会议，讨论了联合国欧洲经济委员会内陆运输委员会起草的一份公约草稿和 1943 年《美洲汽车及交通公约》，达成了《道路交通公约》和《关于路标和信号的议定书》。这两项文书废止并取代了 1926 年的公约和 1943 年的美洲公约；并在其程序性规定中规定，无须召开任何大会便可对《关于路标和信号的议定书》文书进行修正，条件是三分之二的缔约国同意。然而，联合国经济及社会理事会注意到，这一程序性规定，仅在 1964 年 10 月 22 日对《关于路标和信号的议定书》发挥了作用，且存在进一步统一各国有关道路交通的规则和对汽车设备的要求，《关于路标和信号的议定书》也需要进行根本性修订。因此，联合国经济及社会理事会第 1034 号决议决定，应当开展一些具体的技术性研究，以便起草关于道路交通和车辆标准技术规格的公约修订草案，同时还应当起草一份有关路标和信号及道路标线的文书草案，要求各区域经济委员会尤其应当参与这项工作。

1965 年至 1968 年是国际道路交通规则统一化的"成果产生阶段"。1965 年，联合国经济及社会理事会决定召开一次大会，起草新的道路交通公约，取代 1949 年的《道路交通公约》以及关于路标和信号的另一项公约或任择议定书。1966 年 7 月，联合国经济及社会理事会第 1129 号决议为会议的筹备工作作出了最后安排。1967 年，联合国经济及社会理事会又在一些具体条文上对该决议作出了修改决议，决定起草两个公约草案作为会议工作的基础，公约草案的文本应当发放给各国政府和有关国际组织，以便它们能够分别提出修改建议或方案。公约草案的起草工作由现联合国欧洲经济委员会内陆运输委员会道路交通安全问题工作组的前身负责。会议于 1968 年 10 月 7 日至 11 月 8 日在维也纳举行，为通过的两个案文举行了开放签字仪式，即《公约》和《路标和信号公约》。世界上很多国家参加了会议，当天便有36个国家在《公约》上签字，《公约》于1977年5月21日开始生效。根据1968年《公约》第四十八条规定，公约生效后即在缔约国之间的关系上废止并取代之前的几项道路交通公约，特别是1949年的日内瓦《道路交通公约》。1968年《公约》开放签字后，联合国欧洲经济委员会内陆运输委员会考虑必须进一步统一欧洲的道路交通规则，确保更高层次的保护环境，故请联合国欧洲经济委员会内陆运输委员会道路交通安全问题专家组起草一份维也纳《公约》的补充协定草案，并于1971年5月1日批准了该补充协定的最后文本《欧洲协定》，于同日开放提供签字。该补充协定于1979年6月7日生效，到2007年2月1日已经有32个缔约国加入。

随着国际道路交通事业的发展与各国交通安全方面立法的完善，《公约》需要定期修改完善。因此，作为联合国系统内唯一负责道路安全的常设工作组，联合国欧洲经济委员会的第一工作组对《公约》和《欧洲协定》提出了若干次更新，并通过了几次重大修正。修正案分别于1993年和2006年3月28日生效。在这期间，联合国欧洲经济委员会还曾对《欧洲协定》的附件做过第二次修订，并于2001年1月27日生效。《公约》和《路标和信号公约》是面向全球的，同《欧洲协定》都是重要的法律工具，不仅能够通过统一规则便利贸易和运输，还有利于制定道路安全政策，减少道路交通事故和受害者人数。

第2章　中外机动车驾驶证互认基本情况

在全球化的背景下，统一化立法是不可避免的。然而，何谓法律统一化，尚需从理论上分析，理解国际道路交通规则统一化的内涵，进而从整体上理解国际道路交通法律统一化的内涵，最后从整体上把握国际道路交通法律统一过程中与国内法的协调问题。

第1节　机动车驾驶证互认方式

条约在国际法上发挥着各种功能，它可以是国际组织的章程，也可以是建立国际法庭的规约；可以是世界上许多国家共同接受的约束文件，也可以是两个国家之间为解决某一具体问题而达成的协议。结合目前国际道路交通规则统一化成果的方式，条约是国际道路交通规则统一化的重要方式之一。

一、条约的定义和形式

条约的定义和形式是条约的基本概念，明确上述概念是开展国际道路交通规则统一化研究的基础与前提。

（一）条约的定义

国际法中未对“条约”的概念进行明确界定。《维也纳条约法公约》也未给“条约”下一个普遍意义的定义。《维也纳条约法公约》第二条第1款规定,就适用《维也纳条约法公约》而言,“称条约者,谓国家间所缔结而以国际法为准之国际书面协定,不论其载于一项单独文书或两项以上相互有关联的文书,亦不论其特定名称为何”。因此,只要是以国家法为准在国家间缔结并为缔约方创设权利和义务的文书,“不论其特定名称为何”就是条约。因此,确定某一文件是否为条约,文件本身的名称并不重要,重点是关注该文件的下述四点要素:条约的主体、以国际法为准、创设权利义务、国家间缔结的协定。

首先,条约的主体是条约的缔结者,当代国际社会中有能力缔结条约的主体包括国家、国际组织和争取解放的地区和民族。简而言之,条约的主体是普遍接受的国际法主体,由两个或者两个以上的国际法主体间签订的协议可以构成国际法上的条约。就条约法的适用范围而言,条约是指国际法主体,即国家、国际组织和争取解放的地区和民族之间签订的协议。因此,国家与个人或者公司之间或者个人与个人之间签订的协议不是国际法上的条约。在国际法上缔约能力与条约主体密切相关,除国家、国际组织和争取解放的地区和民族外,一些联邦国家,如美国、德国等国家,均允许其联邦成员在一定范围内有缔约的权利。根据《香港基本法》和《澳门基本法》,中国香港和中国澳门特别行政区也可以直接同外国在经济、贸易、金融、航运、通信、旅游、文化、体育等领域以“中国香港”和“中国澳门”的名义签订和履行有关协议。因此,目前中国香港和中国澳门特别行政区是《国际道路交通公约》(以下简称《公约》)的缔约方,认证《公约》的有效性并承认国际机动车驾驶证的有效性。

其次,“以国际法为准”是指依照国际法缔结形成并且受国际法支配。国际法主体间可能签订一些仅受一国国内法律支配的协议。例如,一国为了在另一国建设大使馆而与另一国按照其国内法签订的购买合同,此种协议即使主体是国家并且具备所有其

他条约的要素，但也不构成国际法上的条约。

再次，条约是国际法的渊源，因此条约必须为缔约方创设一定权利和义务。反之，如果没有为相关国家创设权利和义务的意图，仅仅是表明某种态度或立场，则不可称之为国际法上的条约。例如，联合国大会通过的一些宣言，虽然可能包含习惯性的国际法规则，但是无论规则多么重要，因为其并未为联合国各会员国创设法律权利和义务，所以不能称为条约。

然后，条约是“国家间所缔结的协定”，包含两层意思：第一，国家间为条约主体的数目提出一个基本要求，即条约至少是两个条约主体之间的协议。因此，一个国家或者国际组织作出的声明、抗议、承诺等单方面行为，尽管同样可能在国际上产生法律效果，但是也不能称之为条约。简而言之，条约的缔结至少是双方行为，即所谓的双边协议；如果缔约方超过两个，所缔结的条约为多边条约。第二，所缔结的协定表示条约是缔约各方一致的意思表示。著名国际公法学家李浩培先生曾特别强调：“各个条约当事者必须有一致的意思表示，才能成立条约。这也是国际法上的条约同国内法上的契约的共同点。”这是条约的实质性要素，没有在缔约各方之间达成一致的意思，也即没有协议，不能成立条约。

（二）条约的形式

条约在具体使用中有多重表述形式，有广义和狭义两种。广义的条约是指国际法主体之间意思表示的一致，意图创设相互间的权利和义务。除非特指，我们所指的条约均指广义上的条约。狭义的条约则是指禁止以“条约”作为名称的条约，而事实上采用“条约”作为名称的条约仅仅是条约中的一部分，而大量的条约采用的是其他不同形式的名称。从国际实践上看，常用的条约名称包括：条约（treaty）、宪章（charter）、盟约（covenant）、规约（statute）、公约（convention）、协定（agreement）、议定书（protocol）和换

文(exchange of notes),此外还有宣言(declaration)、联合公报(Joint Communiques)、联合声明(Joint Declaration)和谅解备忘录(memorandum of understanding)等形式。

"公约"一词的使用范围广泛,其表达的意思有时与"条约"内容相同。如《国际法规约》第三十八条规定:法院对于陈诉各项争端,应依国际法裁判之,裁判时应适用:(子)不论普通或特别国际协约,确立诉讼当事国明白承认之条规者。(丑)国际习惯,作为通例之证明而经接受为法律者。(寅)一般法律原则为文明各国所承认者……这里的"国际协约",也就是我们现在所称的"公约",与国际习惯、一般法律原则相对应,作为国际法的渊源之一,实质上就是条约的同义语。在国际实践中,这一名称多用于由国际组织主持制定或者通过外交大会制定的普通性的多边条约,如1968年《国际道路交通公约》、1969年《维也纳条约法公约》、1982年《联合国海洋法公约》。双边条约很少采用公约作为名称,公约一般具有为国际社会立法的性质,所定规则具有普遍适用性。

二、条约的名称、格式和种类

条约的名称、格式和种类多种多样,在实际的应用操作中应当根据适用的具体场合和背景来选择。

(一)条约的名称

国际法上的条约并不拘泥于其名称,满足上述条约格式要求的文件均可作为条约。条约的形式也并不受到严格拘束,但是在国际实践中,条约一般为书面形式并且有一定的格式。虽然1969年《维也纳条约法公约》第二条将条约限制于书面的形式,但是根据第三条规定,非书面国际协定的法律效力并不因此而受任何影响。因此,虽然《维也纳条约法公约》所载条约法规则不适用于口头协议,但口头协议仍然是有效的。正式的条约一般均采用书面

形式，根据《联合国宪章》第一百零二条关于条约等级的规定，口头协议在联合国难以登记，而未登记的条约无法被国际法院加以援引。

（二）条约的格式

除个别领域外，国际法对于条约的格式并未有统一的规定，通常情况下正式的条约一般包括三个部分，分别为序言、正文和最后条款。

序言部分是缔约国各方表示出的缔结条约的意图、宗旨和目的以及愿意遵守的一般原则或共同接受的信念。以《公约》为例，其缔约国愿意制定统一交通规则，便利国际道路交通，加强道路交通安全。由此可见，在序言中常见的词语包含“愿”“鉴于”“深信”等。

正文部分是条约的主要内容，可分为不同章和节。所有的条约都有“条”“款”，只是数量存在不同。例如，《公约》共五十六条，其中每条内容另包含几款规定。

最后条款部分一般包括条约的签署、批准、加入、生效、退出或终止、保留、作准文本、文本的保存或保存机关等内容。具体分为两种：一种是在条约生效后才对该条约适用的那些条款；另一种是在条约约文通过后，但条约本身尚未生效之前就开始适用于该条约的那些关于条约如何生效的条款。有些条约的最后条款还包括本条约与前条约的关系、争端解决方法等内容。以《公约》的最后条款为例，内容包括：第四十五条为条约的加入与保存内容；第四十六条为条约的签署、批准和加入内容；第四十七条与第五十条为条约的生效内容；第四十八条为本条约与前条约的关系；第四十九条为条约的修正内容；第五十一条为条约的失效内容；第五十二条为条约的争端解决方法内容；第五十六条为条约的作准文本、文本的保存和保存机关内容。

(三)条约的种类

由于划分标准的不同,条约可分为不同种类,常见的划分种类有:双边条约和多边条约;契约性条约和造法性条约;政治条约和非政治条约;简易程序缔结的条约和繁复程序缔结的条约。

(1)双边条约和多边条约的划分标准是条约的缔约方数目。如果国际法主体双方签订的协议,只有两个缔约方,则该协议为双边条约。两个缔约方不等同于只有两个缔约国家或两个国际法主体。在实际操作中双边条约的缔约方包含的国家并不唯一。以1852年《关于规定丹麦王位继承的条约》为例,条约的缔约一方为丹麦,另一方则为葡、俄、英、法、奥等国家。多边条约的缔约方多于两个。多边条约还有“有限性”和“一般性”的区分。有限性多边条约是指限定特定国家参加的条约,原因是缔约事项仅与这些国家有关。例如,只限于石油输出国家参加的条约或者协定。一般性多边条约也称为开放性多边条约,此类条约所有国家均可参加,往往涉及大多数国家的权利和利益。联合国大会通过的国际公约一般都属于一般性多边条约。

《公约》是多边条约中的一般性多边条约。《公约》第四十五条第1款明确规定本公约于1969年12月31日前在纽约的联合国总部开放,供所有联合国会员国、任何专门机构和国际原子能机构的成员国、国际法院规约的当事国和经联合国大会邀请为本公约缔约国的所有其他国家签字。《公约》向世界各国开放,因为其内容涉及各国的道路交通安全与道路交通安全管理,与世界各国密切相关。

(2)契约性条约和造法性条约的区别在于条约的性质。契约性条约是规定国家之间缔结的关于特定事项的权利和义务的条约。这种条约一般采取双边条约的形式,往往是非开放性的条

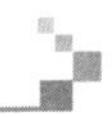

约。造法性条约为众多的缔约方及非缔约方创造具有约束力的规则。其虽然仅对缔约国产生拘束力,但是由于其内容反映了习惯法的要求,非缔约国也自愿遵守。但是从实际适用条约法规则的角度分析,契约性条约和造法性条约的划分并没有实际意义。

(3)政治条约和非政治条约的划分标准是条约的内容。例如,和平友好条约、安全同盟条约均属于政治条约。涉及经济和贸易、文化和科学技术、交通和运输等方面的条约属于非政治条约。将条约分为政治条约和非政治条约的主要目的是在国际法上体现承认和继承领域。《公约》是典型的非政治条约,其内容涉及交通和运输方面。

(4)从法律效果上而言,一项条约不论是否经过繁复的缔结程序,其法律效果并无不同。因此,将条约分为简易程序缔结的条约和繁复程序缔结的条约,其实际意义并不大。

三、条约的缔结程序

条约的缔结涉及程序问题,参加条约缔结程序的国家或其他国际法主体的代表还存在缔约权的问题。凡是在国际法上具有缔约能力者,即国家、国际组织和争取解放的地区和民族之间均能缔结条约。根据国家主权原则,每个国家都有与他国或其他国际法主体缔结条约的权利。但是,每个国家的缔约权由谁行使,以何种方式行使,均由其宪法中的规定为准。有些国家还专门制定缔结条约的程序法。我国于1990年制定并颁布的《中华人民共和国缔结条约程序法》,对中国的缔约权、双边条约和多边条约缔结程序均作出了规定。根据《中华人民共和国宪法》第六十七条第14项的规定,全国人民代表大会常务委员会决定同外国缔结的条约和重要协定的批准和废除。第八十一条规定,中华人民共和国主席代表中华人民共和国,进行国事活动,接待外国使节;

根据全国人民代表大会常务委员会的决定,派遣和召回驻外全权代表,批准和废除同外国缔结的条约和重要协定。由此可见,中国的缔约权属于国家主席,但是缔约权的行使需要全国人民代表大会的决定。

全权证书是指经国家有权机关颁发的、用以证明持有人有权代表该国议定或认证条约约文或表示该国同意接受条约拘束力的文件。1990 年《中华人民共和国缔结条约程序法》第六条规定:由外交部或者国务院有关部门委派的代表,全权证书由国务院总理签署,也可以由外交部长签署;由政府部门委派的代表,授权证书由政府部门首长签署;政府部门首长签署以本部门名义缔结的协定,各方约定出具全权证书的,全权证书由国务院总理签署,也可以由外交部长签署。该条还规定:国务院总理和外交部长谈判、签署条约、协定无须出具全权证书;除各方另有约定,谈判、签署与驻在国缔结条约、协定的使馆馆长,谈判、签署以本部门名义缔结协定的政府部门首长无须出具全权证书。全权证书上面记载全权代表的身份和权限。如果行使缔约权的行为是未经授权的,除非相关国家事后予以确认,否则不发生法律效果。

多边条约多数都是通过召开国际会议的形式缔结的,特别是一般性的多边条约。1968 年《公约》的缔结过程就是相关国际法的编纂过程。由于参加国很多、规模大、涉及各方不同利益,多边条约的缔结程序与双边条约存在差别。

因为一般性多边条约对世界各国开放,所以缔约谈判的广泛参与是一个非常重要的问题。但是,由于制定权在少数国家手中,普遍参加原则仅在很少的例外中得以实现。由于多边条约约文一般是在国际组织机构或专门召开的国际会议上通过的,故涉及这些组织机构或会议的表决程序。一般适用多数原则,即视表决事项的性质分别以出席和投票代表的 2/3 或过半数通过。通

过国际事件还形成了一种新的原则,即协商一致原则,但范例不多,1982 年《联合国海洋法公约》是按照该原则通过的。

在一般性多边条约的约文议定后,各谈判国和被邀请签署该条约的其他国家便可在条约上签字。在签署之前,为了给各谈判国一定的时间慎重考虑,一般会在条约中载明该条约开放签字及开放签字的具体期限和地点。《公约》第四十五条第 1 款明确规定,本公约于 1969 年 12 月 31 日前在纽约的联合国总部开放,供所有联合国会员国、任何专门机构和国际原子能机构的成员国、国际法院规约的当事国和经联合国大会邀请为本公约缔约国的所有其他国家签字。在条约开放签字期间,所有谈判国和被邀请签署该条约的其他国家都可以在规定期限内在条约上签字,成为该条约的签字国。由于《公约》没有开放签字的期限限制,因此可能会产生签字和加入混淆的情况。截至 2007 年 2 月 1 日,1968 年《公约》的缔约国名单中,有很多国家都存在签字日期与批准、加入、继承时间不一致的情况。

签署是指"国家派遣的全权代表在条约的约文上签字"。条约的签署有如下功能:第一,签署是对条约的约文的认证,即缔约双方在决定接受条约的约束之前,事先确定所缔结的条约约文的内容。认证条约的约文还可以通过草签进行。草签是指全权代表在签字时仅签自己名字的起首字母,中国人仅签其名字的姓氏。经过认证的约文不能再有任何更改。第二,签署表示签字国间初步同意接受条约的约束,但是只有在批准之后这种同意才有效。这种情况下,虽然签署并不能使条约对签署国发生拘束力,但是在签署之后和批准之前,签署方不能作任何妨碍条约宗旨和目的的行为,除非明确表示不会批准而且不欲参加该条约。第三,签署后即可生效的条约常存在于无须经过立法机关批准的行政协定或者常规性的非政治协议中。

条约的加入是指未能在条约上签字的国家,"据以在国际上

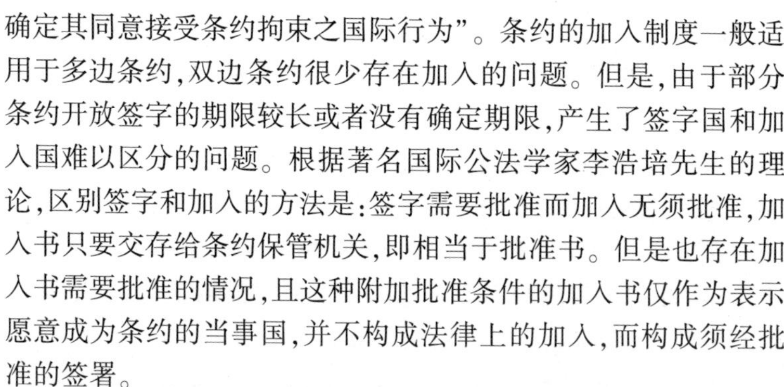

确定其同意接受条约拘束之国际行为”。条约的加入制度一般适用于多边条约，双边条约很少存在加入的问题。但是，由于部分条约开放签字的期限较长或者没有确定期限，产生了签字国和加入国难以区分的问题。根据著名国际公法学家李浩培先生的理论，区别签字和加入的方法是：签字需要批准而加入无须批准，加入书只要交存给条约保管机关，即相当于批准书。但是也存在加入书需要批准的情况，且这种附加批准条件的加入书仅作为表示愿意成为条约的当事国，并不构成法律上的加入，而构成须经批准的签署。

在国内，批准条约一般是一国立法机构依该国宪法对条约的一种认可。《中华人民共和国宪法》第六十七条和1990年《中华人民共和国缔结条约程序法》第七条对我国缔结多边条约作出了规定：中国在国内的条约批准顺序是，条约的批准由全国人民代表大会常务委员会决定。条约签署后，由外交部或者国务院有关部门会同外交部，报请国务院审核；由国务院提请全国人民代表大会常务委员会决定批准；中华人民共和国主席根据全国人民代表大会常务委员会的决定予以批准。多边条约和重要协定经批准后，由外交部办理向条约、协定的保存国或者国际组织交存批准书的手续。批准书由中华人民共和国主席签署，外交部部长副署。

条约的批准有如下功能：一是国家表示同意接受条约拘束的方式。二是作为条约的一种生效方式。三是为缔约双方提供认真考虑条约的时间。在缔约方签署条约后，一方面，国家可以有机会听取国内公众的意见，最终由有权批准条约的机关作出是否批准条约的决定。另一方面，如果条约要求缔约方采取国内法措施，国家还需要在批准之前得到国内立法机关的同意。四是不产生追溯效果，换言之，所批准的条约在批准以后才能发生效力。

第2节　机动车驾驶证互认特点

通过对近些年国际道路交通规则统一化的分析可以看出,国际上机动车驾驶证互认的特点包括:以便利国际交通、加强道路交通安全为主线,以国际组织为主体推动国际道路交通规则统一化工作,伴随着国家间国内立法的趋同,国际道路交通规则统一化得到进一步发展。

一、以便利国际交通、加强道路交通安全为主线

国际开展机动车驾驶证互认是以便利国际交通、加强道路交通安全为主线的。从国际道路交通规则统一化的发展趋势不难看出,无论是从早期各国的道路交通习惯发展成为道路交通安全法律法规,再到形成条约法,还是从各国的国内交通立法,到国家之间涉及道路交通的管理协定,"便利国际交通、加强道路交通安全"均有所体现。《公约》更是以宗旨的形式,将其规定在全文内容之首。该主线在国际道路交通规则统一化的过程中的作用主要包括以下几方面。

(1)便利国际交通、加强道路交通安全是解释国际道路交通规则统一化的基本出发点,也是国家间开展机动车驾驶证互认工作的出发点。条约的解释是一个复杂的问题,在谈判过程中,多种解释往往会造成草案用词的模棱两可和不清晰。《维也纳条约法公约》第三十一条规定:条约应依其用语按其上下文并参照条约之目的宗旨所具有之通常意义,善意解释之。因此,当各国在涉及道路交通安全管理的问题上存在分歧,需要对涉及条约进行解释时,应当充分考虑条约的用语、上下文预警和条约的目的宗旨。同样,在解释《公约》上也应当秉持便利国际交通、加强道路交通安全的宗旨。

（2）便利国际交通、加强道路交通安全是指挥国际道路交通规则统一化的“看不见的手”，是进一步发展国际道路交通规则统一化的逻辑起点和逻辑规则。一旦偏离这一原则，除非得到各国的同意，否则将注定无法获得通过。

（3）便利国际交通、加强道路交通安全具有建立国际共识的基础作用。国际道路交通规则统一化需要形成基本的国际共识，而国际共识的建立需要法律效力得到基本确认的国际习惯的支持。

二、国际组织是机动车驾驶证互认推动主体

除了国家间签订双边互认协议外，国际组织也是推动机动车驾驶证互认的主体。机动车驾驶证国际互认是国际道路交通规则统一化的成果之一。国际道路交通规则统一化始于 20 世纪初，即 1909 年 10 月 11 日在巴黎签订的《关于汽车交通的国际公约》。随后《关于道路交通的国际公约》《关于汽车交通的国际公约》《美洲汽车交通规则公约》的形成，反映出地域性国际组织推动了特定地域道路交通规则的统一。然而，随着交通运输行业的发展以及国家间的交流加强，各国逐渐认识到，仅依靠一个国家或者几个国家召开会议，对于推进国际道路交通规则统一化的作用甚微，特别是参会国家的数量不能得到保证，难以反映各个国家的道路交通安全现状以及管理情况，进而无法反映和了解各个国家的诉求。能够最为广泛吸纳各国建议并切实推动国际道路交通规则统一化的主体之一是联合国，其宗旨之一是“促成国际合作，以解决国际属于经济、社会、文化及人类福利性质之国际问题，且不分种族、性别、语言或宗教，增进并激励对于全体人类之人权及基本自由之尊重。”因此，联合国经济及社会理事会开始致力于推动国际道路交通规则的统一化。

联合国经济及社会理事会主导推动国际道路交通规则的统一，便利了国际公约的制定，提高了全球合作的法制化进程。以

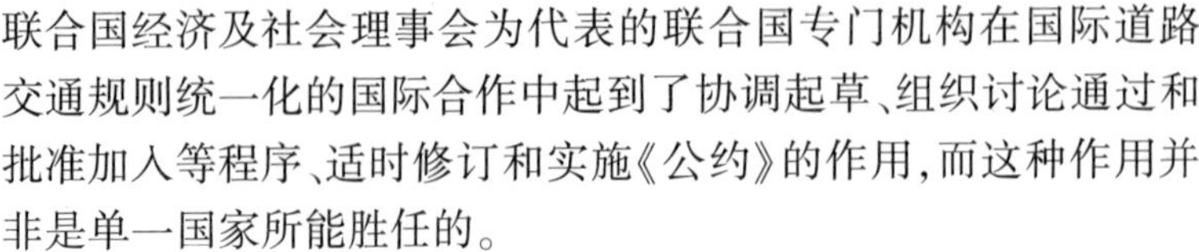

联合国经济及社会理事会为代表的联合国专门机构在国际道路交通规则统一化的国际合作中起到了协调起草、组织讨论通过和批准加入等程序、适时修订和实施《公约》的作用，而这种作用并非是单一国家所能胜任的。

国际道路交通规则之所以由联合国专门机构加以主导，其中的重要原因是国际合作趋势对国际道路交通规则的影响。“……国家间的多边合作日益突显出重要地位。国际法也相应表现出从共处到合作的发展趋势，因而有了如今所谓合作的国际法之说……”。合作的国际法意味着国际法的形成不再仅仅是几个国家的事情，而是在多国之间建立一种协调机制，收集各国立法、惯例、习惯、判例、学说及实务信息，并需要专门机构和人员对信息进行分析。由此，“一种对国家间合作的需要的新的认识，不仅导致了旨在维持国际和平和安全的联合国产生，而且催生越来越多的专门机构，促进合作以帮助各国追求其渐进的序幕以及对福利国家原则的更多广泛承诺……”。

三、各国国内立法趋同助力机动车驾驶证互认

国际道路交通规则统一化是在各国立法趋同化辅助下的统一化。各国立法趋同化的辅助，使得机动车驾驶证的管理和样式出现了相近的趋势，也为中外机动车驾驶证互认提供了条件。“所谓的法律趋同化，是指不同国家的法律，随着社会需要的发展，在国际交往日益发达的基础上，逐渐相互吸收、互相渗透，从而趋于接近甚至趋于一致的现象，其表现是在国内法律的创制和运作过程中，越来越多地涵纳国际社会的普遍实践与国际惯例，并积极参与国际法律统一的活动等。”

从道路交通立法来看，各国均由国家统一构建道路交通管理法律体系，制定全国性的道路交通法规，其中道路交通安全法是一个国家的基本道路交通法律，对各级政府制定的交通规则具有

法律约束力。通常情况下，各国道路交通安全法由总则、通行规则、交通信号、机动车与非机动车、驾驶人、驾驶证、道路使用规则、事故处理规则、违法处罚规定以及附件等内容构成，虽然具体的规定可能有所差异，但内容安排大同小易。

从道路交通立法目的来看，《日本道路交通安全法》的立法目的是“在于防止道路中出现危险，实现其他的交通安全性与顺畅性，以及防止出现影响道路交通的各种因素”；《韩国道路交通法》的立法目的是“防止在道路上发生的交通危险和障碍，确保交通安全、畅通”；《巴西交通法典》的立法目的之一是“以安全、畅通、舒适，环境保护及交通教育为基准，确立国家交通政策方针，并监督其实行”；《中华人民共和国道路交通安全法》（以下简称《道路交通安全法》）的立法目的是“为了维护道路交通秩序，预防和减少交通事故，保护人身安全，保护公民，法人和其他组织的财产安全及其他合法权益，提高通行效率。”对于国际道路交通规则而言，各国对于加强道路交通安全管理的认可，也是《公约》“便利国际交通，加强道路交通安全”的基础。

通过上述分析可知，各国国内立法的趋同，在一定程度上为机动车驾驶证互认提供了理论基础，还证明了国际道路交通规则统一化的法律效力。同时，就法律趋同化与统一化两者的关系来看，法律趋同化有助于法律统一化的最终实现。

第3节　影响中外机动车驾驶证互认的因素

国际道路交通规则统一化与中外机动车驾驶证互认之间存在着非常紧密的关系，结合我国开展的中外机动车驾驶证互认工作，单纯从法律制度的逻辑角度分析并不够，还应当充分考虑其他因素对驾驶证互认工作所产生的影响，从总体上看，影响中外机动车驾驶证互认的因素分为促进因素和阻碍因素。

一、机动车驾驶证互认的促进因素

从本质上看,推动中外机动车驾驶证的主要因素包括经济发展的推动以及各国对于国际道路交通规则统一化价值的普遍认同。机动车驾驶证互认与国际道路交通规则统一化间存在着密切的关系,从某种程度上说,国际道路交通规则统一化是开展中外机动车驾驶证互认的基础,也是推动中外机动车驾驶证互认的前进动力。

(一)经济发展的推动

追根溯源,中外机动车驾驶证互认本质上是由经济发展推动的。从宏观角度来看,国际道路交通规则的统一化运动真正的内在动力是经济的全球融合。在国际道路交通规则统一化的影响下机动车驾驶证互认工作也逐渐开展起来。

亚当·斯密曾经指出:"交通通过市场、分工来推动生产力和经济的发展。交通运输是国民经济中重要的物质生产部门,它把社会生产、分配、交换与消费各个环节有机地联系起来,是现代社会赖以运行和发展的基础,也是人们从事各项社会活动得以正常进行的前提和保障,而交通运输业是国民经济发展的基础性、主导型产业,它的发展与国民经济各产业的发展相互关联,相互促进。"中外机动车驾驶证互认是国际道路交通规则统一化的成果,国际道路交通规则统一化是中外机动车驾驶证工作推进的基础。随着我国"十三五"规划的确立与"一带一路"倡议的推广,我国与世界其他国家间交通交流日益密切,这也极大地便利了各个国家间的经济交流,但与此同时,国家间的经济交流又对驾驶证互认提出了更高的要求——即在更多的国家间实现更为全面的驾驶证互认工作。国际经济活动的目的在于追求利益最大化,而统一的道路交通法律为国际道路交通参与人提供了制度保障。统一的道路交通安全法律为各国交通参与者提供了法律保障，此时中外机动车驾驶证互认便能够得以更为顺利的推广。

但是，中外机动车驾驶证互认工作对于部分发展中国家而言是一把双刃剑。“在追求政治、社会和经济的发展中，发展中国家面临不少法律任务。”对于发展中国家而言，经济的发展必然伴随着对于交通安全的重要诉求，应当更加关注道路交通安全的重要性。而由于其国内立法的不健全，有时需要移植发达国家相关法律，这就要充分考虑法律移植的可行性和可操作性，特别是应当认真考虑本国的具体情况与国家利益，以免与最初的移植目的背道而驰。

（二）各国对国际道路交通规则统一化的价值认同

开展中外机动车驾驶证互认应当以各国国内法为基础，在充分评估国内法以及开展驾驶证互认工作对国内道路交通安全情况影响的基础上，推进互认工作。近年来，各国在制定道路交通安全法律法规上，都开始突显维护道路交通秩序、预防和减少交通事故，保护公民、法人和其他组织的财产安全及其他合法权益，提高通行效率。这也成了国际道路交通规则统一化的内在宗旨与价值追求，即国际道路交通规则统一化的价值追求也围绕着保障道路交通有序、安全和畅通这三个重要的关键词展开。正是各国对道路交通规则统一化价值的认同，使得驾驶证互认工作成功推进。

1. 秩序价值认同

秩序是法的基本价值之一，是人类一切活动的前提，对于现代人类社群生存方式更加重要。制定为各国所接受的道路交通规则，一方面可以统一各国间的道路交通管理，另一方面可以实现道路交通安全管理的平等化。法作用于人类社会的目的，就是保持人类社群生活方式的有序与和谐，就是对一切有悖于人类社会生活方式的行为予以必要的警示和制裁，就是安排、维护、保障人类良好的社会秩序。道路交通安全秩序作为社会秩序的内容之一,实现其统一性是为了保持人类的正常社会生活。广义的秩序既是法律基本价值之一,同时落实到道路交通安全问题上,也是国际道路交通规则统一化追求的重要价值之一。

随着社会的发展,机动车数量与日俱增,各个国家都面临着不同的交通问题。随着国际交往的加强,我国公民出境,外国公民入境等国际交通上的交流也日益增多。特别是近些年我国公民海外驾车的需求日益增加,境外自驾游也成为市场热门,由此衍生的驾驶证国际化认证问题也日渐突出。但是不可否认的是,不论是国际道路交通规则统一化还是从制度上推进驾驶证国际互认都有助于实现井然有序的交通环境,维护顺畅的交通秩序。国内道路交通的秩序保障是我国发展国内经济的重要保证,国际道路交通秩序的维护也是涉及我国国家利益的层面,因此,道路交通上的秩序价值是我国推进驾驶证互认工作的价值认同基础,同时也是我国开展驾驶证互认的利益追求。

2. 安全价值认同

安全价值是国际道路交通规则统一化的重要价值,各国在制定道路交通安全法时将对交通参与者人身权利的保护放在重要地位。安全价值更是我国开展中外机动车驾驶证互认工作时应当充分考虑的因素。我国《道路交通安全法》第一条开宗明义:"为了维护道路交通秩序,预防和减少交通事故,保护人身安全,保护公民、法人和其他组织的财产安全及其他合法权益,提高通行效率,制定本法。"由此可以看出,我国立法者对交通参与者人身权利优先保护的价值的认同。英国也在其道路交通法规体系中强调了对道路使用者权利的保障。德国、意大利、比利时和丹麦等国家也在法律中强调了道路交通安全的重要性。将各国在交通立法中强调的安全价值引入能为各国所接受的国际道路交通规则的统一性文件之中,能够更为便利地推广加强道路交通安全的意义。

3. 效率价值认同

不同国家的政治经济文化等因素不同,交通管理和交通安全现状不同,表现在法律上,各国的政策存在共性,也存在差异性。要解决这些法律上的竞争性和冲突性的规定,一国单方面的措施已经无法满足纷繁复杂的社会关系和主权国家的"独立性"所带来的法律问题。因此,条约上的合作是唯一有效的、高效的解决问题的途径,也最能体现国际道路交通安全法律保障道路交通有序、安全和畅通的宗旨。我国道路交通安全法将维护交通秩序,保障道路畅通放在了首位。机动车的大量使用在某种程度上就是公民追求高效率的一种措施,在道路交通秩序的问题上,"效率优先,兼顾公平"是我国坚持的指导原则。提高通行效率也是世界上其他各国在道路交通管理上重点关注的内容。

推进国家间机动车驾驶证互认能够更好地提升道路交通安全的效率价值。制定为各国所接受的国际道路交通规则能够统一规范各国的交通管理,实现国家间驾驶证的普遍互认,从而能够提高国家间交通的通行效率。高效率的道路交通在经济社会发生重大变革的时间点,起到了更加重要的作用。我国已经进入经济社会快速发展时期,机动车和驾驶人的快速增长带来了前所未有的压力,与此同时预防道路交通事故的压力也同比增长,而此必然对通行效率产生影响。如何保证在实现效率价值的基础上,兼顾驾驶证互认推进,并进一步推动我国道路交通安全的平稳发展,是现阶段和未来我国道路交通管理中将要面临的重大挑战。

二、机动车驾驶证互认的阻碍因素

开展中外机动车驾驶证互认同样面临一定挑战。国际道路交通规则统一化推动驾驶证互认工作开展,在一定程度上是基于各国立法机构和政府交通安全管理部门对实现道路交通有序、安全和畅通宗旨的认识、追求和推动。但是,政府的推动也受到种

种因素的制约，这其中主要包含客观环境因素以及政治等因素。

（一）客观环境的影响

欲实现中外机动车驾驶证互认，实现各国道路交通规则的“完全统一”，就需要各国具备同样的物质条件，具备相同的历史、政治、文化等因素，但是这在现实生活中是不可能的。各国政治，经济，历史，文化等方面的发展途径和水平差异也决定了各国法律制度的差异性，同时上述因素的发展变化也会出现融合的情况，正如前文所述对道路交通管理的法律法规而言，各国均旨在实现道路交通有序、安全和畅通，这是不同政治、经济、文化背景的国家间实现的融合趋势。

世界上各国的经济发展水平差异很大，道路安全情况与道路交通安全管理水平也参差不齐。发展水平的差异决定了法律进化的差异。一国国内道路交通安全立法情况在一定程度上也反映了一国国内道路交通安全的现状。在承认国际道路交通情况蓬勃发展的同时，也必须看到在现今国际体系中，各国的发展并不同步，有的国家发展较快，有能力根据本国客观现实制定或者参加国家间的道路交通安全管理方面的条约。由此可见，各个国家道路交通安全现状和发展水平的不同，导致对国际道路交通规则统一化的阻碍，进而影响到驾驶证互认工作的开展。因此可以说，客观环境的影响是开展驾驶证互认工作的最根本障碍。

（二）通行规则的影响

世界上各国间的道路通行规则规定不一致也导致开展驾驶证互认工作存在困难。以道路通行方向为例，道路通行方向是世界各国交通规则中的重要内容，它规定了车辆在道路上的行驶方位，避免出现混乱和事故。道路通行方向可分为车辆靠近道路左侧行驶和靠近道路右侧行驶两类，据估算，目前 34% 的国家靠左行驶，66% 的国家靠右行驶。根据我国《道路交通安全法》第三十

五条的规定,机动车、非机动车实行右侧通行。但同时世界上也有很多国家,如日本、英国规定左侧通行。不同通行方向国家间直接实现驾驶证互认对各国道路交通情况会产生怎样的影响,是否会造成交通事故数量增加,提高道路交通管理难度,都是开展互认工作时各国会考虑的重要问题。此外,在涉及道路通行规定的其他方面,各国机动车、非机动车和行人通行规定均存在差异,这也是实现驾驶证互认的"难点"所在。

(三)政治因素的影响

道路交通安全表面上看与政治因素的联系不甚密切,但是本质上却深受政治因素的影响。众所周知,在国际公法领域,签订的国际政治性条约的稳定性较强,也是主权国家"自我选择"的成果,政治性的国际条约则具备普遍约束力并且选择自主性较弱。一个国家拒绝加入多数国家承认的国际政治条约,这个国家就很难与其他国家在统一的法律平台上进行交往,其国际交往的政治空间将被严重压缩。

具体到交通领域,涉及驾驶证互认工作的问题,它既是缔约国之间的博弈,同时也是发达国家与发展中国家在道路交通规则制定"话语权"上的博弈。在当今国际社会体系中,发展中国家在统一规则草案的制定过程中的"话语权"力量远不及发达国家。在国际道路交通规则统一化的进程中,虽然发达国家和发展中国家都旨在加强道路交通安全,但是经济实力和发展情况的差异,使得两者在共同追求的基础上却难以同步。虽然不论是发达国家还是发展中国家,在追求实现道路交通有序、安全和畅通的目标与价值上存在一致性,但是具体在调整社会关系的方式方法上,在道路交通安全管理的立法上,仍然不免存在差异,这同样也是影响国际道路交通规则统一化的原因之一。

第3章　中外机动车驾驶证互认的必要性

我国道路交通法规的历史可以追溯至西周时期,随后几乎在各个朝代都有涉及道路交通的立法。我国近现代道路交通立法是以我国国情为基础,且在逐步发展之中的。随着全球化的进一步发展,法律全球化已经延伸至我们生活的方方面面,相关的法律制度也在适应国情的基础上开始与国际"接轨",道路交通立法也是如此。

不可否认的是,我国已经成为国际道路交通规则统一化的参与者,并扮演着非常重要的角色。国家间道路交通方面交流交往的加强,要求我们不能再仅仅关注国内的道路交通情况,同时要打开眼界,主动吸纳、学习、借鉴,并内化国际上优秀的道路交通管理制度与模式,这也是我国参与国际道路交通规则统一化工作的内容之一,而实现国家间机动车驾驶证的普遍互认则是国际道路交通规则统一化的成果。

第1节　我国道路交通规则的发展历史

我国道路交通法规的发展历时千年,在不同时期都有具有时代特征的法律规定。如早在《周礼》记载的西周时期就有负责管理交通的官吏"野庐氏",其职责是"掌达国道路至于四畿"。秦代规定"治驰道""车同轨""道路,男子由右,女子由左,车从中央",即在法律上规定了车辆、行人分道行驶的交通管理基本原

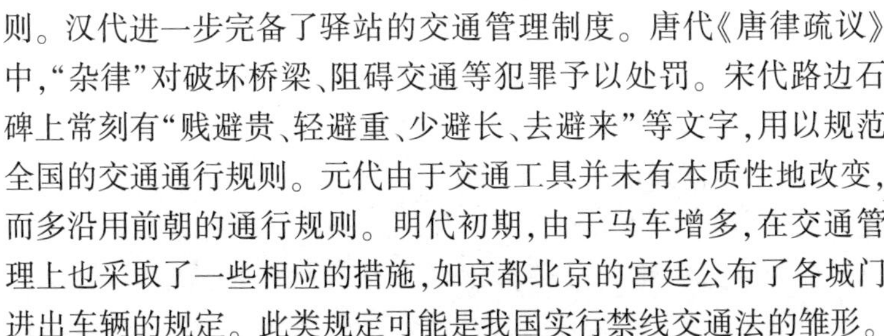

则。汉代进一步完备了驿站的交通管理制度。唐代《唐律疏议》中,“杂律”对破坏桥梁、阻碍交通等犯罪予以处罚。宋代路边石碑上常刻有“贱避贵、轻避重、少避长、去避来”等文字,用以规范全国的交通通行规则。元代由于交通工具并未有本质性地改变,而多沿用前朝的通行规则。明代初期,由于马车增多,在交通管理上也采取了一些相应的措施,如京都北京的宫廷公布了各城门进出车辆的规定。此类规定可能是我国实行禁线交通法的雏形。

清末随着汽车的出现与引进,交通管理法规有了新的发展。1903 年,清政府在天津设有管理交通的警察,上海开始发放自动车执照。20 世纪 20 年代末,上海、北平、广州、青岛、南京先后制定了汽车的管理规定。20 世纪 30 年代末,我国各大城市在主要地点设置了交通标志。1932 年,全国经济委员会筹备处首先在汽车较多的华东地区倡导组成交通委员会,负责联络贯通江苏、安徽、浙江三省和南京、上海两市的交通运输管理工作,并制定了《五省汽车互通章程》。同年,全国经济委员会在建制内成立公路处,公路处会同原五省市及福建、江西、湖南、湖北、河南等省份逐渐发展成全国公路交通委员会,负责规划全国交通管理工作,并先后制定了《汽车驾驶人执照统一办法》《汽车驾驶人考验规则》《人力、兽力车辆道行公路管理、公路交通标志号设置保护规则》《公路安全须知》以及汽车肇事报告等有关规章,颁发各省实施,为统一全国交通管理法奠定了基础。

1934 年 12 月,国民党内务部统一制定的《城市陆上交通规则》,作为全国性的道路交通管理法规,共十一章,一百零三条,规定了交通标志的种类和含义,左侧通行原则(该左侧通行原则于 1946 年被修改为右侧通行)。这是我国历史上第一部完整的单行道路交通管理法规。1940 年由交通部公路总局管理处汽车牌照所先后制定了《汽车管理规则》《汽车驾驶人管理规则》《汽车技工管理规则》等,以后又制定了《全国公路行车规则》,并由政府公

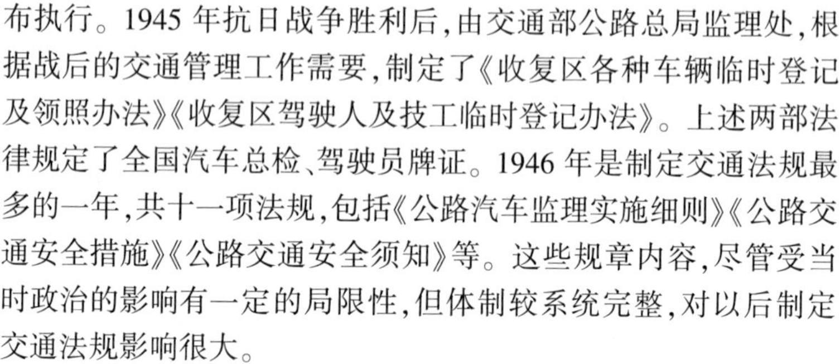

布执行。1945年抗日战争胜利后，由交通部公路总局监理处，根据战后的交通管理工作需要，制定了《收复区各种车辆临时登记及领照办法》《收复区驾驶人及技工临时登记办法》。上述两部法律规定了全国汽车总检、驾驶员牌证。1946年是制定交通法规最多的一年，共十一项法规，包括《公路汽车监理实施细则》《公路交通安全措施》《公路交通安全须知》等。这些规章内容，尽管受当时政治的影响有一定的局限性，但体制较系统完整，对以后制定交通法规影响很大。

1950年3月20日，经国务院批准，我国交通史上第一部有关道路交通安全的法规《汽车管理暂行办法》诞生了。1951年，我国颁布了《城市道路交通管理规则》，旨在统一陆上道路交通管理，更好地为人民服务。1955年6月6日颁布实施的《城市交通规则》，首次规定了对道路交通安全违法行为的处罚措施、交通肇事者的义务等内容。1959年，交通部与其他有关部门联合出台的《关于城市交通规则的补充规定(草稿)》，对各种车辆的最高载重质量、小汽车的最高时速等内容作出规定。1960年至1970年，由于我国机动车保有量的增长速度加快，国务院颁布了《机动车管理办法》，这是我国第一部将车辆管理和驾驶人管理分离的法律。1972年3月25日，公安部联合交通部颁布的《城市和公路交通管理规则(试行)》，旨在统一管理权，但特殊的历史背景导致此项法规并未被很好地执行。1986年10月7日，国务院下发《关于改革道路交通管理体制的通知》，明确规定全国城乡道路交通由公安机关负责统一管理。

1988年8月1日《中华人民共和国道路交通管理条例》正式施行，1955年颁布的《城市交通规则》同时废止。《中华人民共和国道路交通管理条例》分为十章九十三条，内容包括：交通信号、交通标志和交通标线的规定；车辆及其装载、行驶的管理规定；车辆驾驶员的管理规定；行人和乘车人的管理规定；道路管理规定以及交通违章的处理规定等。1991 年 9 月 22 日，国务院第 89 号发布《道路交通事故处理办法》。1996 年，为解决我国当时机动车管理和机动车驾驶人管理体系方面存在的问题，《中华人民共和国机动车驾驶员考试办法》和《中华人民共和国机动车驾驶证管理办法》出台。2000 年出台的《交通违章处罚程序规定》，对道路交通行为的处罚给出了细化规定。

为适应我国日益发展的道路交通形式，预防和减少交通事故，保护公民、法人和其他组织的财产安全及其他合法权益，提高通行效率，遏制道路交通安全事故的频繁发生，规范道路交通安全执法部门的执法活动，2003 年，第五次全国人民代表大会常务委员会审议通过了《道路交通安全法》。这是我国道路交通安全管理中的第一部法律，在我国道路交通安全管理史上具有里程碑意义。随后我国陆续出台了与其配套的法律法规，为其实施提供了基础保障。

第 2 节　中外机动车驾驶证互认的现实需要

从我国参与国际道路交通规则统一化的必要性角度分析，我国开展中外机动车驾驶证互认工作的现实需要共有五点诉求，分别是：道路交通安全诉求，话语权诉求，主权保护诉求，驾驶人、行人和其他交通参与者保护诉求以及促进国际陆路交通运输业发展诉求。

一、道路交通安全诉求

参与国际道路交通规则统一化工作以及开展中外机动车驾驶证互认工作应当充分考虑我国道路交通安全诉求。近年来在各级公安交通管理部门的共同努力下，在各级人民政府及相关部门的大力支持下，我国道路交通事故总量稳中有降，交通安全形势有一定好转。但是需要看到的是,我国道路交通安全的外部环境还未得到根本性地改善。

道路交通安全作为国际道路交通规则统一化的基本内容,随着《国际道路交通公约》(以下简称《公约》)的建立与发展取得了长足的进步。参与并推进国际道路交通规则统一化是发展趋势,加入《公约》也是实现中外机动车驾驶证互认的重要路径。但我国若考虑加入《公约》,应当首先评估其对我国道路交通安全可能产生的冲击与影响。

二、话语权诉求

“在国际社会中,国际话语权是有效实现一国国家利益的重要手段。国家利益是国际话语权最终要维护与实现的目标,在国际交往中,国家利益是相互交织与冲突的,各国若要加强国际合作,解决利益冲突,就必须通过一些话语平台进行沟通与协商。话语权占主动地位的国家,总是能够占据沟通与协商的主动有利地位,他们往往通过硬性设置国际话语主题,通过其所掌握的国际组织与国际机构,有效发动国际舆论,尽可能地使自己国家利益得到合法化,达到不容侵犯的有利地位,并尽量扩大。”随着综合国力的提升,我国在国际事务上的参与程度经历了由“一般参与者”向“重点建设者”再到“负责任大国”的角色转换。

我国在参与国际道路交通规则统一化的过程中,话语权既存在权利保护的需求,也存在权利利用的需求。就权利保护而言,我国政府需要在国际道路交通规则统一化过程中,充分考虑我国道路交通安全发展的整体利益,从不同主体权利保护的视角审视每一条公约条文,而不能仅做政治性审查。因此,如何利用公约为我国道路交通安全的发展提供更加良好的环境,促使其稳健的发展,是我国应当着力考虑的问题。在国际社会中,权利需要权利主体表达出来,并通过努力争取才能得到实现。我国应当利用国际话语权，以我国道路交通安全利益为核心，就道路交通安全发展在国际道路交通规则统一化过程中发表意见，并坚持这些意见，与相关国家通过谈判的方式，最终确立能够合理保护我国利益的公约条款。

三、主权保护诉求

主权是每一个国家在国际交往过程中重点关心的内容。在中外机动车驾驶证互认问题上必然涉及各个国家的主权保护问题。然而，在中外机动车驾驶证互认与国际道路交通规则统一化过程中是否过于强调主权的政治性而忽略了主权的经济性，主权保护是否在政治与外交领域的过度扩张中侵蚀了经济发展的诉求，是我国应当考虑的问题。

各国道路交通安全立法均是基于对主权的尊重、保护并以之为谈判基础的，因此，主权保护诉求也是各国在法律移植中、道路交通立法上需要考量的重要因素。从国家利益的视角来看，道路交通安全既是政治权利，也是经济权利。而主权利益蕴含的不仅是一国的自身利益，还包括国际社会整体的利益，主要包括国际社会的和平与发展，国家间的相互尊重与协调。如果一国的道路交通安全主权不能得到保障，其独立决定是否加入某一公约的权利被强权国家所绑架，基于自身安全和政治利益的考虑，其必然采取抵制措施，从而导致国际社会的和平与发展受到威胁。因此，在参与国际道路交通规则统一化的过程中，应当关注主权保护诉求。

四、驾驶人、行人和其他交通参与者保护诉求

驾驶人、行人和其他交通参与者保护诉求既包括安全的诉求，也包括通行利益的诉求。从安全的角度来看，驾驶人、行人与其他交通参与者作为交通的主体，其安全是第一位的，也是每个

国家在国内立法中重点关注的内容,但随着经济的发展与各国交流的日益密切,驾驶人、行人与其他交通参与者通行利益的诉求也受到越来越多的关注,成为这一群体的保护诉求。

近些年随着我国“走出去”战略、“一带一路”倡议的实施,我国赴外人员和外国来华人员越来越多,无论是居民日常生活中的旅游、就业、学习、访友,还是国际合作事务中的商务会议、交流访问,对在境外驾驶机动车的需求都越来越大。2015 年发布的《关于推进机动车驾驶人培训考试制度改革的意见》(以下简称《意见》),不仅提出了更为简单、便捷的学车考试方法,而且也对中国驾驶证今后的管理、发展作出了要求,提出要推进驾驶证国际互认。随着改革开放的深入和发展,对外商贸、旅游、留学等交流活动日益增多,《意见》明确将逐步扩大驾驶证互认换领国家范围,提高我国驾驶证国际认知认可度,方便我国公民在外国工作、生活和学习。因此,加入《公约》,将有利于实现我国驾驶证国际化,有利于满足出境人员与来华人员在境外驾驶机动车的需要,有利于其从事驾驶活动,简化取得目的地国驾驶证的程序。

五、促进国际陆路交通运输业发展诉求

据统计,2014 年我国出入境交通运输工具 2591.25 万辆(架、列、艘)次,其中,机动车辆 2467.8 万辆次,占比为 95.2%。陆路交通运输关系国际贸易往来、资源调配。国际上一般通过签订双边、多边协定或制定专门的管理办法便利跨国车辆通行,主要分为道路运输车辆和私家车两种类型。

促进国际陆路交通运输业发展需要深化跨境道路运输车辆国际化认可。目前,我国对于运输车辆(在货物运输中指载货汽车、牵引车、挂车等车辆;在旅客运输中指用于运输人员及其行李的载客汽车)和公务车辆的国际化认可,一般是与相关国家签署有关协议。促进国际陆路交通运输业发展也需要推动私家车等

临时出入境车辆国际化认可。我国《临时入境机动车和驾驶人管理规定》(公安部令第90号)和《关于进一步规范外国人乘自备交通工具在华旅游有关监管工作的通知》规定,对于自驾车出游等需要临时入境的私家车(不超过三个月),应当向我国入境地或者始发地所在的直辖市或者设区的市公安机关交通管理部门申请临时入境机动车号牌和行驶证,并载明境外车辆在我国允许行驶的区域、线路和有效期。

近年来,许多行业专家推动申请加入《公约》,主要是考虑到加入《公约》,不但方便国际贸易与运输,还有利于制定道路安全政策,有利于完善口岸城市、经济带地区的陆路交通运输的大通道建设、管理队伍正规化建设,合理布局运输线路,促进国际陆路交通运输业的发展。

第3节　我国开展中外机动车驾驶证互认的基本情况

随着陆路交通对外交流交往的加深,我国公民出境和外国人员入境旅游、探亲、求学等交流活动日益增多,在国外驾车成为越来越值得关注的问题。当然,不论是我国人员在国外驾车还是外国人员在我国驾车都应当遵守当地的交通法律法规。虽然我国已经制定了较为完善的道路交通法律法规,但是发达国家对于机动车和驾驶人的管理仍然值得我们借鉴与学习。而且这既是我国道路交通规则现代化的进程,也是我国参与国际道路交通规则统一化工作的内容。

开展中外机动车驾驶证互认工作是现阶段推动我国加入国际道路交通规则统一化工作的助力与成果,将惠及我国众多驾驶人。我国道路交通安全立法与《公约》规定的内容存在共性,这些是我国加入《公约》的可行性前提,也使我国参与国际道路交通规

则统一化有了一定的基础,具体共性内容将在后文进行分析。

由于我国没有加入《公约》,其他国家的驾驶证与国际驾驶证均不可在我国直接使用。根据我国《道路交通安全法》及公安部部令的规定,持境外驾驶证的人员需要换领我国驾驶证后才能驾车。不过,我国正主动参与国际道路交通规则统一化工作:除与相应国家和地区签订地域性相关运输协定外,于 1994 年与比利时签订了驾驶证互认换领协议;近年来,相继启动与德国、法国、摩洛哥、丹麦、罗马尼亚、保加利亚、阿拉伯联合酋长国等国,以及粤港、粤澳两地的驾驶证互认换领协议谈判工作,并分别于 2003 年和 2015 年签订了粤港两地、中国和阿拉伯联合酋长国驾驶证互认换领协议。

驾驶证互认换领是我国现阶段参与国际道路交通规则统一化工作的一种尝试。我国公安交通管理部门在涉及中外机动车驾驶证互认换领问题上,以《机动车驾驶证申领和使用规定》及《临时入境机动车和驾驶人管理规定》为基础,配合形成了双边、多边或区域性的协定或制定专门的管理办法,以便利跨国车辆通行。

第 4 章 《公约》的内容与特点

《国际道路交通公约》(以下简称《公约》)作为国际道路交通规则统一化的重要成果,对于世界各国在道路交通安全立法与法律完善上起到了重要作用。《公约》在内容上涉及道路交通安全方方面面,对各国国内立法均有着非常重要的借鉴意义。《公约》中的建议性条款允许缔约国在借鉴《公约》的基础上,作出相应保留和调整。

第 1 节 《公约》概述

1968 年 11 月在维也纳举行的联合国道路和汽车交通问题会议通过了《公约》全文,联合国欧洲经济委员会于 1993 年 9 月和 2006 年 3 月分别对《公约》进行了修正。《公约》旨在统一交通规则,方便国际贸易和运输,为各国制定通行规则提供参考,推动各国制定道路安全政策,减少道路事故和受害人数。《公约》向全球开放签字,目前已经有一百多个国家和地区表示加入或签署《公约》。

广义的公约是指国际有关政治、经济、文化、技术等方面的多边条约。《公约》因其性质具有国际性和开放性,非缔约国可以在公约生效前或者生效后的任何时间申请加入。目前我国并未加入《公约》,不是《公约》的缔约国。

一、内容

《公约》规定了车辆、道路、通行等相关规则,包括正文和七个附件，其中，正文规定了总则、道路规则、准许汽车和挂车进入国际交通的条件、汽车驾驶人规则、准许自行车和轻便摩托车进入国际交通的条件和最后条款共六章五十六条。七个附件分别是：准许国际交通汽车和挂车入境义务的例外、国际交通汽车和挂车的登记号码和号牌、国际交通汽车和挂车的识别标志、国际交通汽车及挂车的识别标记、汽车和挂车的技术要求、国内驾驶证、国际驾驶证。

二、特点

《公约》作为条约，除具备条约的基本特征外，还有自身鲜明的特点，分别为规范的全面性、缔约国的一致认同性、签署的开放性以及内容的约定性。

《公约》内容规范全面，涵盖了道路交通涉及的人、车、路等交通要素，对具体驾驶行为和驾驶证管理等作出了详细规定，涉及道路交通管理的方方面面。

《公约》已有 100 多个国家和地区加入，且缔约国虽对某些内容作出了保留，但对涉及道路交通安全管理的基本条款均表示认可。这从本质上反映出缔约国对于《公约》的一致认同性，认可其在统一交通规则，方便国际贸易和运输，并为各国制定道路安全政策和减少道路事故与受害人数上作出了重要贡献。

《公约》签署开放性特点为各国的加入提供了便利。《公约》第四十五条第 1 款规定：该《公约》于 1969 年 12 月 31 日前在纽约的联合国总部开放，供所有联合国会员国、任何专门机构和国际原子能机构的成员国、国际法院规约的当事国和经联合国大会邀请为本公约缔约国的所有其他国家签字。

约定性是公约的基本特点，《公约》内容也具有约定性。具体体现在，《公约》中很多条款均为建议性规定，缔约国既可以根据本国具体情况自愿选择是否加入《公约》，也可以对不利于本国执行的条款作出声明或予以保留。

第2节 《公约》总则的内容

《公约》第一章总则涉及概念解释、附件、缔约国义务以及标志与信号管理的相关规定。总则的地位近似于《公约》的原则性内容,所有对于《公约》内有争议的名词解释,均应以总则的内容为准。

一、概念解释

《公约》第一条对正文中涉及的道路交通名词进行了概念解释,包括:国内法、任一国境内称为"国际交通"的车辆、建筑密集区、道路、车行道、车行道边缘、车道、交叉路口、平交道口、高速公路、临时停车与停车、自行车、轻便摩托车、摩托车、机动车、汽车、挂车、半挂车、轻型挂车、车连组合、铰接车辆、驾驶人或驾驭人、最大允许质量、整备质量、装载质量、行车方向和顺行方向以及驾驶人为其他车辆的让路规定。

二、附件

《公约》第二条内容为附件,附件与正文一起组成了《公约》的全部内容。《公约》共有七个附件,分别为附件一"准许国际交通汽车和挂车入境的例外"、附件二"国际交通汽车和挂车的登记号码和号牌"、附件三"国家交通汽车和挂车的识别标志"、附件四"国际交通汽车及挂车的识别标记"、附件五"汽车和挂车的技术要求"、附件六"国内驾驶证"与附件七"国际驾驶证"。附件内容是对进入国际交通汽车与挂车管理的具体性规定,即通过排除性规定,从车辆号码号牌的管理、车辆识别标志的管理以及车辆的技术要求这几个方面,对于车辆的管理进行细化。此外,《公约》

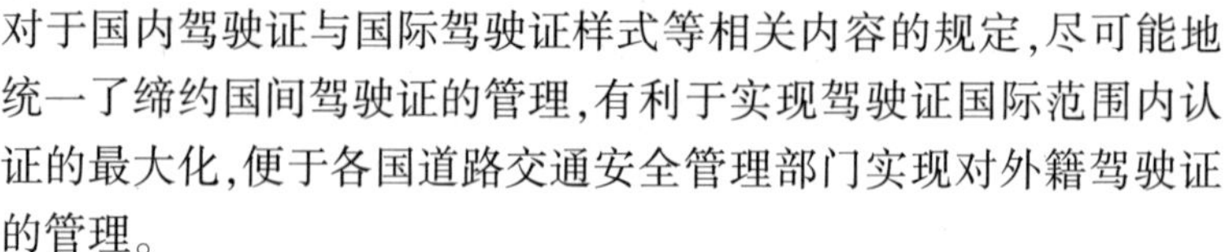

对于国内驾驶证与国际驾驶证样式等相关内容的规定，尽可能地统一了缔约国间驾驶证的管理，有利于实现驾驶证国际范围内认证的最大化，便于各国道路交通安全管理部门实现对外籍驾驶证的管理。

三、缔约国义务

《公约》第三条内容为缔约国义务，共八项义务，具体如下。

第一项义务是“与《公约》第二章道路规则相适应的义务”。首先，缔约国应采取适当措施，确保其境内现行的道路规则在实质上符合《公约》第二章的规定。其次，在缔约国国内法规则不违背《公约》规定的条件下，当《公约》的任何规定所适用的情况在缔约国境内都不存在时，缔约国无须照搬《公约》。然后，缔约国也可在本国国内法中单独作出《公约》道路规则中未作出的规定。最后，如果缔约国国内法律按照《公约》第二章的道路规则照搬内容，并不要求国内法对其作出处罚规定。

第二项义务是“缔约国国内有关汽车和挂车技术条件规定与《公约》附件五规定相适应的义务”。首先，缔约国应当采取适当措施，确保其境内现行有关汽车和挂车所应具备技术条件的规则，符合《公约》附件五的规定。其次，缔约国国内在不违反附件五所规定的安全原则的条件下，可以单独作出附件五未作出的规定。然后，缔约国还应采取适当措施，确保其境内登记的汽车和挂车在进入国际交通时，符合《公约》附件五的规定。最后，对境内关于《公约》所称汽车以外其他机动车辆所应具备的技术条件，缔约国的现行规则未被增设任何义务。

第三项义务是“缔约国协助国外车辆参加国际交通的义务”。在不违反《公约》附件一规定的条件下，缔约国应当准许《公约》第三章规定进入国际交通的车辆从事国际交通。缔约国也有义务承认，依照《公约》第三章规定发放的登记证，可作为车辆能够参与国际交通的书面证据。即如果进入国际交通的车辆不违反《公约》附件一的有关规定,则任一缔约国应当允许其入境并从事国际交通活动。

第四项义务是“例外性规定”。当缔约国准许不具备《公约》第三章规定全部条件的汽车及挂车进入其领土从事国际交通,以及在第四章汽车驾驶人规则所指情况外,承认另一缔约国境内所发驾驶证在本国境内的效力,其单方面或根据双边或多边协定已经或可能采取的措施,应视为符合《公约》的宗旨。即如果某一缔约国,已经通过其他单方面或双边及多边形式认证,虽不符合《公约》第三章或第四章的规定,根据《公约》“便利国际道路交通”这一缔约宗旨,并不视为与《公约》存在冲突。签订有单方协议或双边及多边协议的国家可以继续按照协议内容管理国家间的道路交通。由此可见,各个国家间涉及道路交通管理的协议优先于《公约》。

第五项义务是“针对自行车与轻便摩托车进入国际交通的缔约国义务”“各国开展交通安全教育的义务”“驾驶培训人员的资质要求义务”。对于这三项义务,《公约》要求如下。

首先,针对自行车与轻便摩托车进入国际交通的缔约国义务而言,缔约国有义务准许具备《公约》第五章所规定技术条件,且驾驶人常住地在另一缔约国境内的,自行车及轻便摩托车进入其领土从事国际交通。此种情况下,缔约国不应要求国际交通的自行车或轻便摩托车驾驶人持有驾驶证。但是依照《公约》第五十四条第 2 款的规定,如果缔约国声明将轻便摩托车视为摩托车进行管理,则缔约国可以要求进入境内的轻便摩托车驾驶人持有驾驶证。

其次,缔约国应采取必要措施,在国内开展不间断的、系统化的道路交通安全教育,特别是在各级学校。这一规定在一定程度上能够帮助推动缔约国的道路交通安全教育发展,从小培养各类交通参与者的道路交通安全意识,养成良好的道路交通习惯。

最后,缔约国还应当设定驾驶培训人员和机构的最低资质规定。《公约》规定,凡由专业驾驶机构负责向学习驾驶的人传授驾驶技能的情况,国内法必须对课程和负责传授驾驶的人员,规定最低限度从业资格要求。这一规定可以促进缔约国明确驾驶培训人员与机构资格,进而促进提升驾驶人培训效果。

第六项义务是“驾驶人资格协助确定义务”。缔约国加入《公约》需要作出如下承诺:如任何缔约国提出请求,表明在其境内登记的机动车或与机动车连接的挂车涉及交通事故,或车辆的驾驶人严重违反交通规则,可能因此受到严重处罚,或剥夺其在提出请求的缔约国境内驾驶的资格,需要确定登记人的身份,将保证提供所需资料。此项规定旨在保证落实对道路交通违法驾驶人的惩罚,需要缔约国履行协助义务,即任一缔约国主张一国境内登记机动车或与机动车连接的挂车涉及交通事故或违反交通规则,可能依缔约国法律规定将接受处罚时,如需缔约国协助确定登记人身份,则缔约国应当协助并提供相应个人资料。

第七项义务是“缔约国手续简化义务”。缔约国为了便利国际道路交通而简化关税、警察、卫生及其他类似手续,或为确保某一边界地点的海关办事处及关卡具有相同的权限和办公时间等,单方面或根据双边或多边协定已经或可能采取的措施,应视为符合《公约》的宗旨。涉及部分加入《公约》的缔约国可能已经基于便利国际交通的情况简化了关税、警察、卫生等其他的类似手续,或者通过其他双边或多边协定的方式作出了另行规定,此种情况下特定国家间签订的有关协议、条约、协定对新加入的第三国不产生效力与影响,只在原有的缔约国间生效。

第八项义务是“兜底性条款”。《公约》不仅要求缔约国为进入其本国领土的国际车辆提供便利,而且赋予缔约国相应权利,以保证其国内的道路交通安全,即缔约国有权要求进入其领土的国际交通汽车、挂车、轻便摩托车和自行车，以及这些车辆的驾驶人和乘客，必须遵守该国对商用客货车辆的规定、有关驾驶人第三方责任险的规定、海关规定，以及一般的非道路交通事项的规定。由此可见，《公约》允许缔约国为进入领土的国际交通汽车、挂车、轻便摩托车和自行车设立具体规定，要求进入本国的上述车辆驾驶人遵守各国对商用客货车辆、海关以及一般的非道路交通事项的规定。

四、标志与信号

《公约》第四条内容为标志与信号，即对缔约国国内道路交通标志与信号作出了基本要求。《公约》签订当日，缔约国也可选择是否加入《路标和信号公约》。《公约》对于道路交通标志与信号的要求体现出的特点包括系统性、安放必要性、充分警告性以及禁止性。

标志与信号的系统性体现在：缔约国境内的所有道路标志、交通信号灯和道路标线应构成一个统一的系统、其设计和位置应易于辨认。安放必要性体现在：标志的种类，应有数量限制，标志只应安放在认为必要的地点。充分警告性体现在：危险警告标志应安放在离障碍物足够远的地方，使驾驶人得到充分警告。禁止性体现在：禁止在标志、标志支架或其他交通管制装置附着任何与此类标志或装置用途无关之物；如果缔约国或其行政区准许非营利社团安装指示标志，可允许该社团的徽记出现在标志或其支架上，但不得影响标志的显示；禁止安装任何可能与标志或其他交通管制装置相混淆、使其不易看到或发挥作用，或可能使道路使用人目眩或分散注意力，以致妨碍交通安全的任何告示牌、通知、标记或装置；禁止在人行道或路边安放可能对行人，特别是老年人和残疾人，造成不必要的、妨碍行为的装置和设备。

第3节 《公约》道路规则的内容和特点

《公约》第二章对道路规则作出了具体规定，其与我国道路交通安全法律法规有着诸多共性和差异，是我国探索是否加入《公约》应当重点关注的章节。

一、内容

《公约》第二章内容为“道路规则”，共三十四条，对道路交通标志及信号的法律地位、交通勤务人员的指示、超车和连贯驾驶、车行道安全岛、开门规则等内容进行了特别规定；对交叉路口行驶规则和让行义务、行人规则、停车、装载管理、灯光使用规则与发生事故时的行为等内容进行了详细规定。

（一）道路规则总则

《公约》有关道路规则的总则条款规定在第七条，共5款内容，包括道路使用人原则性规定、道路使用人义务性规定、驾驶人注意义务规定以及安全带使用规定。

道路使用人原则性规定要求道路使用人应当避免可能危及或妨碍交通、危及人身或对公共或私人财产造成损害的任何行为。

道路使用人义务性规定是《公约》赋予缔约国的权利，要求道路使用人不得妨碍交通或危及交通，如在道路上抛掷、放置或遗留任何物件或物品，或在道路上设置任何其他障碍。如果道路使用人不能避免造成上述障碍或危险，他们应采取必要措施尽快消除障碍或危险，如不能立即予以消除，应警告其他道路使用人注意。

驾驶人注意义务规定是基于对特定道路交通参与群体的关注，要求驾驶人应格外注意最易受到伤害的道路使用人，如行人和骑车人,特别是儿童、老年人和残疾人。此外,驾驶人注意义务还包括对周边环境影响的注意义务,如其车辆不应对其他道路使用人或路边沿线房舍的用户造成不便,在可以避免的情况下,不造成噪声、扬尘或烟雾。

安全带使用规定要求汽车驾驶人和乘客必须系好安全带,除非国内法作出例外规定。

与我国现行法律法规相比,《公约》有其独特的先进性。第一,道路使用人概念的使用。就规范全体道路交通参与者行为而言,道路使用人的概念更具准确性,但我国道路交通法中没有此概念。第二,对妨碍道路通行条件的规制。就道路抛洒物品的情况,我国《道路交通安全法》第四十八条、《道路交通安全法实施条例》第五十四条与六十五条、《道路交通安全违法行为处理程序规定》第二十七条中对于道路使用者应当立即警告其他道路使用人注意危险存在的要求明显存在不足。第三,特殊群体范围较广。《公约》规定的在道路交通环境中易受伤害的群体涵盖了行人、骑车人、儿童、老年人以及残疾人。我国《道路交通安全法》第六十四条只规定了儿童和不能辨认或者不能控制自己行为的精神疾病患者、智力障碍患者以及盲人。第四,文明驾驶的规定。《公约》要求驾驶人注意自身驾驶对周边环境的影响,尽可能减少因驾驶产生的噪声、扬尘或烟雾。该方面规定,我国在理念与落实上还存在一定差距。

(二)道路交通参与者

《公约》中道路交通参与者的范围非常广泛,包括:机动车驾驶人、驾驭人、行人、行进队伍与残疾人、自行车驾驶人、轻便摩托车驾驶人、摩托车驾驶人、轨道车辆驾驶人以及参与交通的其他主体。《公约》在详细规范上述主体的基础上,对其进入道路交通作出了相应规制。

1. 驾驶人或驾驭人规则

《公约》有关驾驶人和驾驭人的条款规定在第八条中，共 6 款内容，明确规定了驾驶人应当具备的身体、精神、驾驶知识与安全驾驶技能等素质。《公约》要求，凡行驶的车辆或车辆组合必须有一名驾驶人。凡驾驶人均需具备必需的身体和智力能力，以及驾驶车辆的健全身体及精神状态。凡驾驶人或驾驭人应随时能够控制其车辆或驾驭的牲口。凡驾驶人均应具备驾驶车辆所必需的知识和技能，但此项规定不应禁止学习驾驶的人依照国内法的规定学习驾驶。驾驶人应始终尽量减少一切非驾驶动作。国内法应对驾驶人使用电话作出规定。法律应禁止在任何情况下汽车或轻便摩托车的驾驶人在车辆行进中使用手提电话。

此外，《公约》考虑到部分国家存在驾驭人参与道路交通的情况，故以建议性的方式推荐缔约国国内法作出规定，驮负、牵引或骑乘的牲口，以及单独或成群的牲畜(除在入口处表明特别区域外)，均应有驾驭人。缔约国可以根据本国的具体情况进行调整。

2. 行人规则

《公约》中有关行人规则的内容包括行人通行规则与驾驶人对行人的行为等内容。该部分规定非常详细，对于我国法律法规完善行人管理的内容有着重要的借鉴意义。

(1)行人通行规则。

《公约》有关行人通行规则的条款规定在第二十条，共 7 款内容，分别为：例外条款、行人注意义务、行人借用自行车道时的行走位置规定、建议性规定、人行道使用规定以及缔约国严格性规定许可。

例外条款是指除车行道上行人交通有危险或妨碍车辆交通的情况外，缔约国或其行政区域可自行决定不执行本条之规定。

行人注意义务是指如果在车行道之侧设有人行道(便道)，或供行人使用的边道，行人应使用这部分路面。但是当遇到特殊情况时,如推拉或负担笨重物件的行人,在人行道上行走可能严重妨碍其他行人,可使用车行道;或者由一人带领或排成行列的行人队伍,可在车行道上行走,但是此种情况下行人必须充分小心注意。

行人借用自行车道时的行走位置规定是指:如果无法使用人行道(边道)或便道,或没有设置此种道路,行人可在车行道上行走。在有自行车道和交通密度许可的情况下,行人可在自行车道上行走,但在使用自行车道时,不得妨碍自行车或轻便摩托车的交通。

《公约》在此款中也作出建议性规定,建议各缔约国国内法作出如下规定:行人在车行道上行走,应取逆行方向一侧,除非这样做会给他们造成危险。然而,推自行车、轻便摩托车或摩托车的行人,以及由一人带领或排成行列的行人队伍,在任何情况下均应靠车行道顺行方向一侧行走。在车行道上行走的行人,在晚间或视线不佳的情况下,以及日间车辆交通密度较大有此需要时,除非排成行列,否则应尽可能单行行走。

行人使用人行道时应当注意如下情况:第一,行人在横穿车行道前务必小心注意,观察四周,确认安全后方可步入车行道。附近有人行横道时,行人应主动使用人行横道。第二,行人应当在有路标标志或车行道上标线划出的人行横道上横穿车行道。此时如果人行横道装有对行人的信号灯,行人应遵守信号灯所发出的指示。如果人行横道未装有对行人的信号灯,但车辆交通由交通信号灯或交通勤务人员指挥,则行人在交通信号灯或交通勤务人员所给的信号表明车辆可以继续前进时,不得步入车行道。在其他人行横道上,行人必须在考虑到驶近车辆的距离和速度都方便安全停车后,方可步入车行道。第三,行人在车行道口上以路标标志或车行道标线划出人行横道的以外地点穿越车行道时,必须首先确定穿越车行道不会妨碍车辆交通,方可步入车行道。

第四,行人一旦开始穿越车行道,不得走不必要的远路,也不得在车行道上无故徘徊或逗留。

对于上述涉及行人通行安全的规定,缔约国或其行政分区均可对行人穿越车行道制定更严格的规定,以保障行人通行安全。

(2)驾驶人对行人的行为。

《公约》有关驾驶人对行人的行为的条款规定在第二十一条,共4款内容,分别为:驾驶人避免对行人造成危险的义务、驾驶人遇人行横道的通行要求、解释性规定及驾驶人让行公共交通车辆下乘客的义务。

驾驶人避免对行人造成危险的义务规定是指禁止驾驶人的驾驶行为对行人造成危险。任何驾驶人均应避免可能对行人造成危险的行为。

驾驶人驾驶车辆遇人行横道时,应当在不违反《公约》第七条第1款、第十一条第9款和第十三条第1款规定的前提下,凡车行道上以路标标识或以标线划出人行横道之处;如果车辆交通在该处人行横道是由交通信号灯或交通勤务人员指挥的,不得前进的驾驶人需在人行横道之前停止,在被准许前进时,不应阻止或妨碍已经跨入人行横道的行人通过;驾驶人转入另一道路时,如路口处有人行横道,应减速慢行,并为正在使用或将要使用人行横道的行人让路,必要时停止前进。如果车辆交通在该处人行横道没有交通信号灯或交通勤务人员指挥,驾驶人在接近人行横道时应低速行驶,确保不对正在或将要使用人行横道的行人造成危险;必要时驾驶人应停车,让行人通过。

解释性规定是指本条的任何规定不得解释为阻止缔约国或其行政分区,规定凡行人在《公约》第二十条所规定条件下,正在或即将使用以路标标志或在车行道上以标线划出的人行横道时,车辆驾驶人在任何情况下均应停车,或即使该路口并无路标标示或车行道上无标线划出人行横道,驾驶人禁止妨碍或阻止正在交叉路口或紧邻交叉路口的地点穿越车行道的行人。

驾驶人让行公共交通车辆下乘客的义务是指当驾驶人欲在顺行方向一侧超越停在标示停车站的公共交通车辆时，应减速慢行，必要时停止行驶，以便上下乘客。

无论是行人通行规则还是驾驶人对行人的行为都与行人的安全密切相关。与我国现行法律法规相比，《公约》的规定更为广泛。我国《道路交通安全法》对行人通行规则、行人通过路口或横过道路规则、行人禁止行为、特殊行人通行的保护、行人通过铁路道口的规定以及禁带危险品乘车作出规定。其他涉及行人通行的内容规定在《道路交通安全法实施条例》《民法通则》《侵权责任法》以及《治安管理处罚法》等中。《公约》对于我国加强对行人管理，平衡驾驶人和行人之间关系有着非常重要的借鉴意义。

3. 关于行进队伍和残疾人适用的特别规则

《公约》第二十六条对行进队伍和残疾人参与道路交通作出特别规定，包括禁止道路使用人穿插行进队伍、有人带领的学童行列和其他行进队伍。要求残疾人使用自力推动的残疾人轮椅或以步行速度行走，应使用人行道（便道）及适当之边道。《公约》对行进队伍和残疾人参与道路交通的管理规定，为我国提供了新的管理思路和建议，为日后完善法律规定提供了理论支持。

4. 关于自行车和轻便摩托车驾驶人及摩托车的特别规则

《公约》第二十七条对自行车和轻便摩托车驾驶人及摩托车驾驶人作出特别规定，共 4 款内容。第 1 款规定，缔约国或其行政分区可自行决定不禁止骑自行车的人双人或多人并行。第 2 款对于自行车驾驶人的驾驶动作作出规范化要求。禁止自行车驾驶人双手离把骑车、任由另一车辆拖曳、携带或拖拉妨碍本人骑车或危及其他道路使用人的物件。此项规定也适用于轻便摩托车和摩托车的驾驶人。但除此之外，轻便摩托车和摩托车的驾驶人仍须双手扶把，除非是在做《公约》第十四条第 3 款所规定的

发出信号和动作。第 3 款对于自行车和摩托车驾驶人载人作出规定，并赋予缔约国根据本国具体情况作出规定的权利。禁止自行车和轻便摩托车驾驶人在车上载人，但缔约国或其行政分区可准许对此项规定的例外，如可准许在车上安装附加鞍座载人。摩托车驾驶人不得载人，除非在挎斗摩托车的挎斗中，或驾驶人背后安有附加坐垫。第 4 款从保护自行车驾驶人安全的角度，赋予缔约国对自行车道的使用作出规定的权利。在设有自行车道或自行车路的情况下，缔约国或其行政分区可禁止自行车驾驶人使用车行道的其余部分；可准许轻便摩托车的驾驶人使用自行车道或自行车路，而禁止使用车行道的其余部分。在规定何种情况下其他道路使用人可使用自行车道或自行车路，或横穿自行车道或自行车路时，必须始终确保自行车驾驶人的安全。

5. 关于轨道车辆的特别规定

《公约》第二十九条对轨道车辆作出规定，要求在轨道占用车行道的情况下，所有道路使用人在电车或其他有轨车辆驶近时，均应尽快离开轨道，让轨道车辆通过。缔约国或其行政分区可对轨道车辆在道路上的行驶，以及与轨道车辆的会车或超车，采用不同于本章规定的特殊规则，但不得采用与《公约》第十八条第 7 款相抵触的规定。《公约》第十八条第 7 款要求非轨道行驶的车辆驾驶人应当向有轨车辆让路。

6. 对于定班公共交通车辆的特别规定

《公约》第十五条对定班公共交通车辆作出特别规定。建议性地规定，其他车辆的驾驶人在建筑密集区，为了便利定班公共交通车辆的行驶，在不违反《公约》第十七条第 1 款规定的条件下，应减速慢行，必要时应当停车。公共交通车辆的驾驶人在用转向器发出准备离站的警示后，也应小心注意。

7. 关于成群牲畜参与道路交通的规定

《公约》考虑到部分国家存在动物参与道路交通的情况，故在

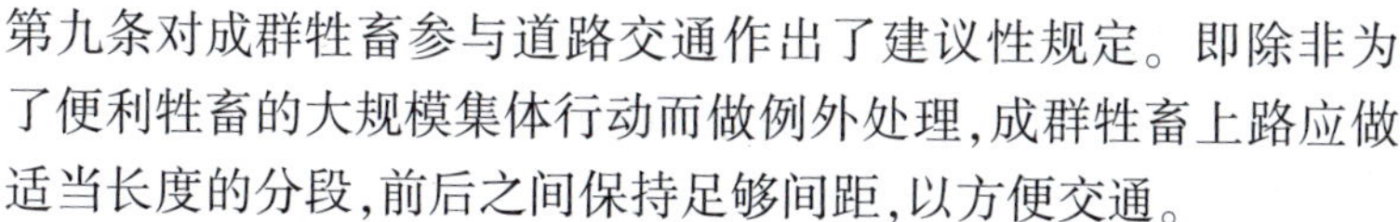

第九条对成群牲畜参与道路交通作出了建议性规定。即除非为了便利牲畜的大规模集体行动而做例外处理，成群牲畜上路应做适当长度的分段，前后之间保持足够间距，以方便交通。

（三）道路交通信号

道路交通信号在解决道路交通问题、提高道路通行能力、预防和减少道路交通事故中起到了非常重要的作用。我国《道路交通安全法》第二十五条规定，交通信号包括交通信号灯、交通标志、交通标线和交通警察指挥。《公约》同样对上述内容作出了具体规定。

1. 标志及信号的法律地位

《公约》有关标志及信号的法律地位规定在第五条。不仅区分了标志及信号与交通警察的指挥，而且规定道路使用人必须遵守路标、交通信号和道路标线的指示，即使这些指示看似与其他交通规则相抵触。由此可见，《公约》确定了路标、交通信号与道路标线优先于交通规则的概念。

2. 交通勤务人员的指示

《公约》有关交通勤务人员的法律地位规定在第六条。从保护交通勤务人员人身安全的角度及指挥效果可视化的角度要求，“交通勤务人员指挥交通时，无论夜间或日间，均应于较远处易于看到”。针对勤务人员所发出的指示，道路使用人应当迅即遵守。考虑到各个国家国内法已经对交通勤务人员的指挥手势作出相关规定，《公约》只是给出建议性规定，即指挥交通的勤务人员所发出的指示应包括以下方式：单臂垂直上举；单臂或双臂左右平伸；给出停止信号。同时明确，指挥交通的勤务人员所发出的指示，优于路标、交通信号灯和道路标线，以及其他交通规则所传达的指示。

（四）运载规定

我国《道路交通安全法》第四十八条、第四十九条与第五十条对车辆运载进行了规定,《公约》同样对此作出了规定。

《公约》第三十条从车辆载货和载人两方面对车辆的装载作出规定。对于车辆载货,《公约》从货物的装载质量、货物的安放固定、固定货物附件的可视性以及运载车辆的可视性方面进行了规定。第一,如果已规定车辆的最大允许质量,车辆的装载质量绝不能超过最大允许质量。第二,车辆的每件载货均应妥善安放,必要时加以固定。这样可避免对人造成危险,或对公共或私人财产造成损害,尤其是因货物在路上拖曳或跌落到路上而造成的损害。避免妨碍驾驶人的视线,或损害车辆的驾驶稳定性。避免发出噪声、产生扬尘,或造成任何其他妨碍。避免遮蔽灯光,包括停车灯和转向灯、逆反射器、登记号牌,以及依照《公约》或国内法的规定,车辆必须配备的登记国的识别标志。第三,所有用于固定或保护载货的附件,如缆索、链条和帘布等,必须系紧所载货物并固牢,符合载货条件。第四,突出于车辆前后或两侧的,其他车辆驾驶人可能注意不到的物件,应有明显标识。夜间应在车头以白灯和白色反光装置,在车尾使用红色和红色反光装置作出标识。《公约》对于车辆的可视性作出了非常具体的规定,在出现车辆载货突出车箱而可能导致其他车辆驾驶人忽视时应当作出提示。如果是突出车头或车尾1米以上的载货,那么必须作出标识。同样如果载货侧面突出车辆外端,若突出的外端超出车辆前方位置(边)灯外端0.40米以上,那么夜间应在后面做同样标识。另一方面,对于车辆载客的规定,《公约》只作出原则性规定,要求载客的乘坐和人数,不得妨碍驾驶或影响驾驶人的视线。

(五)交叉路口与平交道口的通行规则

我国《道路交通安全法》第四十四条、第四十六条分别对交叉路口和铁路道口的通行作出规定。《公约》中平交道口的概念可以对应我国铁路道口。

1. 交叉路口

《公约》第十八条规定了交叉路口的行驶规则与让行义务。交叉路口的行驶规则主要是针对驾驶人设定的注意义务与让行义务,即任何驾驶人在接近交叉路口时,均应根据实地情况,格外小心注意。车辆驾驶人尤其应调节行车速度,以便能够及时停车,让有优先通行权的车辆通过。从偏僻道路突然驶出的车辆驾驶人,在进入另外一条道路时,应向在该路上行驶的车辆让路。任何驾驶人从沿路房舍或场地驶入道路时,应向在该路上行驶的车辆让路。《公约》还规定了特定交叉道口的优先通行权。同时考虑,在交通信号灯允许通过,但因交通密度过大,驾驶人很可能在交叉路口的中间停车,因而妨碍或阻止交叉路口交通的情况下,禁止驾驶人进入交叉路口。驾驶人如已进入由交通信号灯管制的交叉路口,可无须等待其前进方向的道路放行,即驶离交叉路口,但不得妨碍向放行方向行驶的其他道路使用人行车。《公约》在本条中再次强调非轨道行驶的车辆驾驶人应向有轨车辆让路。

2. 平交道口

《公约》第十九条规定道路使用人在行进及通过平交道口时应格外小心注意。任何车辆的驾驶人均应以适中速度行驶。除必须遵守灯光信号或声响信号所发出的停车指示外,任何道路使用人均不得进入已经或正在放置横跨道路的护栏或半护栏,或正在开启半护栏的平交道口。如果平交道口未设置栅栏、半栅栏或信号灯,任何道路使用人必须确定无轨道车辆驶近,才可进入平交道口。任何驾驶人在进入平交道口之前必须确认不会被迫在平交道口停车。任何道路使用人在通过平交道口时不得逗留。如果车辆被迫停止,驾驶人应尽量设法将其移开轨道,如无法做到,应立即想尽一切办法,确保轨道车辆的驾驶人及时得到危险警报。

（六）高速公路特别规定

我国《道路交通安全法》第四章第五节对驾驶人在高速公路上行驶作出特别规定。《公约》也对高速公路和类似道路的行驶规则作出详细规定。

《公约》第二十五条第1款作出了禁止性规定：在高速公路上，行人、牲畜、自行车、不视为摩托车的轻便摩托车，汽车及其挂车以外的所有其他车辆，以及在平坦道路上设计时速不能达到国内法规定速度的汽车或汽车挂车，禁止使用高速公路的专用上下匝道。禁止驾驶人在高速公路和类似道路的标明停车处以外的其他地点临时停车或停车。如果被迫停车，驾驶人应尽量将车辆拖移至车行道之外，并移出平齐路肩，如无法做到，应立即在较远处发出有车在此的信号，及时向驶近的驾驶人发出警告。禁止驾驶人在高速公路和类似道路掉头、倒车，以及驶入中央分道带，包括连续两条车行道之间的跨道。第2款和第3款分别对驶入和驶离高速公路作出规定：将要进入高速公路的驾驶人应给已在高速公路上行驶的车辆让路。如有加速车道，应使用加速车道。将要离开高速公路的驾驶人应适时驶入高速公路出口方向的车道，如有减速车道，应及早驶入减速车道。第4款为兜底性条款：对于前3款内容而言，其他专供汽车使用的道路，以适当路标标志，且与沿路的房舍及用地无出入通道，也应视为高速公路。

《公约》对有专门路标的隧道作出了特别规定。在有专门路标的隧道之中，任何驾驶人都不得倒车、掉头；即使隧道中有照明，仍然必须打开远光灯或近光灯；只有在紧急或危险情况下，才可以临时停车，且必须将车辆停在专门指定的位置；如果驾驶人需要长时间停车，则应当关掉车辆发动机。

（七）驾驶时应当遵循的道路规则

《公约》中涉及驾驶人在驾驶时应当遵循的道路规则非常详

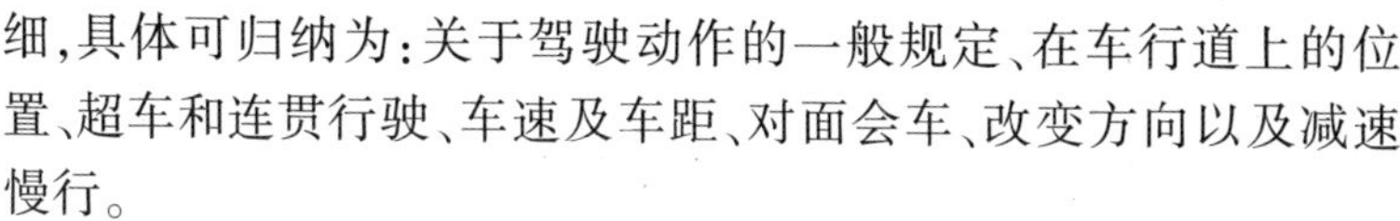

细，具体可归纳为：关于驾驶动作的一般规定、在车行道上的位置、超车和连贯行驶、车速及车距、对面会车、改变方向以及减速慢行。

1. 关于驾驶动作的一般规定

《公约》第十四条对驾驶动作作出规定，共3款内容，分别为：进入下一驾驶动作前的安全驾驶观察、掉头或倒车的安全保护以及转弯和横向安全驾驶动作。

首先，凡是驾驶人在采取动作之前，如离开或进入一行停泊的车辆、在人行道上向左或向右移动、向左或向右转入另一道路或路边的房舍或场地，必须顾及其他道路使用人的位置、方向和速度，应当优先确定这样是否会对其前、后，或将要超过他的其他道路使用人造成危险。其次，任何驾驶人在准备掉头或倒车之前，必须确定此项动作不致对其他道路使用人造成危险或妨碍。最后，在转弯或做有横向移动的动作之前，驾驶人须对其意图发出明确和充分的警告，如使用车上的转向灯，或尽可能用适当的手势。转向灯所发出的警告应在动作的整个过程中持续发出，动作完成后即可停止。

《公约》第二十四条对驾驶人开启车门作出规定，要求驾驶人在确定不会对其他道路使用者造成危险的前提下，才能打开车门，否则，禁止打开车门。

2. 在车行道上的位置

《公约》第十条对车辆行驶在车行道上的位置作出规定，共6款内容，分别为：行驶方向、动物在车行道上的位置、针对全体驾驶人的普遍规定、多条车行道上驾驶人的行驶要求以及低速车辆行驶车道的相关要求。具体如下：第一，一国之内所有道路上的交通方向必须统一，但在适当情况下，专供或主要供两个其他国家之间使用的道路，其交通方向不在此限。第二，在车行道上行进的牲畜，应尽量靠近顺行方向车行道的边缘。第三，在不违反

第七条第1款、第十一条第6款的相反规定和《公约》其他相反规定的前提下,所有车辆驾驶人均应在条件许可范围内,使车辆靠近顺行方向车行道的边缘。但缔约国或其行政分区可对车行道上载货车辆的位置作出更具体的规定。第四,在有两条或三条车行道的道路上,驾驶人不得在逆行方向一侧的车行道上行驶。第五,在有四条或更多车道的双向车行道上,驾驶人不得在完全位于车行道逆行方向半边的车行道上行驶。在有三条车道的双向车行道上,驾驶人不得在逆行方向车行道边缘的车道上行驶。第六,在不违反第十一条规定的前提下,如有路标表示有附加车道,行驶速度低的车辆应使用该车道。

3. 超车和连贯行驶

《公约》第十一条对车辆超车和连贯行驶作出了非常详细的规定,共11款内容,涉及超车方向规定、超车前的判断、超车禁止性规定、超车安全横向距离、两条以上车行道的超车、针对特定车辆的禁止超车、人行横道线处的超车要求、被超越驾驶人的协助义务与变换车道等内容。

第1款要求,驾驶人应在靠逆行方向的一侧超车。但如果被超越的驾驶人或驾驭人已发出信号,示意将转入车行道逆行方向的一侧,且已使其车辆或牲畜向该侧移动,则驾驶人应在顺行方向一侧超越。缔约国国内法可允许自行车或轻便摩托车驾驶人在顺行方向的一侧超越静止的车辆,或其他低速行驶车辆,但必须有足够的间距。

第2款要求,凡驾驶人在超车前都必须确定以下四项内容:一是尾随车辆的驾驶人尚未开始超车动作。二是同一车道前方车辆的驾驶人未发出准备超越另一车辆的警告。三是超车不会对来向交通造成危险或妨碍,特别是即将进入的车道在足够的距离之内没有其他车辆,且两车的相对速度足以保证在较短的时间内完成超车。四是除非使用禁止来向交通的车道,本人能够回到

《公约》第十条第 3 款所规定的位置而不会对被超过的道路使用人造成不便。

第 3 款要求,驾驶人应能够准确判断超车情况。在双向车行道特别是在接近坡顶时,以及在视线不佳、弯道等情况下禁止超车,除非在这些地点有纵向道路标线划出的车道,完成超车,无须离开标明禁止来向交通的车道。

第 4 款要求,驾驶人超车时应为被超的道路使用人留出充分的横向安全距离。

第 5 款、第 6 款与第 7 款对两条以上车行道的超车作出规定。第 5 款要求,在车行道内至少有两条车道专供与驾驶人行进方向相同的交通使用时,若驾驶人在回到《公约》第十条第 3 款规定的位置后,必须立即或在极短的时间内再次超车,为了采取该动作,可留在第一次超车所占用的车道,但必须确定这样做不会给后面跟进的车速更高的驾驶人造成不便。但缔约国或其行政分区可自行决定,不要求以下车辆的驾驶人适用本款规定:自行车、轻便摩托车、摩托车,在《公约》意义范围内不作为汽车的车辆驾驶人,或最大许可质量超过 3500 千克或最高设计时速不超过每小时 40 千米(25 英里)的汽车驾驶人。第 6 款要求,在出现第 5 款第一项规定的情况下,若交通密度使车辆不仅占用同一行车方向车行道的全部宽度,且车辆的行驶速度受到连贯行驶的前方车辆的限制,在不影响本条第 9 款规定的条件下,沿一线连贯行驶的车辆,车速高于沿另一线连贯行驶的车辆,不应视为本条所指的超车。或者驾驶人不在最靠近顺行方向行车道边缘的车道,则只能在准备左转、右转或停车时,变换车道;但缔约国有根据本条第 5 款第二项规定制定的国内法,驾驶人可依有关规定变换车道,不适用本项规定。第 7 款要求,在第 5 和第 6 款所述情况下连贯行驶时,如车行道上有纵向标线划分的车道,则驾驶人不得跨标线行驶。

第 8 款要求,在不影响第 2 款规定以及缔约国或其行政分区

对交叉路口及平交道口超车规定的其他限制条件下，车辆驾驶人不得在下列情况下超越两轮自行车、两轮轻便摩托车和不带挎斗的两轮摩托车以外的其他车辆。第一种情况是驶近或已到达非环形交叉的路口，但特定情况也可以排除。第二种情况是驶近或已到达未设护栏或半护栏的平交道口时，但缔约国或其行政可自行决定，在有交通信号灯管制，包括允许车辆继续行进信号的情况下，准许在平交道口超车。

第 9 款要求，车辆不得超越另一驶近人行横道的车辆，人行横道应在车行道上标线划出，或有相应路标提示，不得超越在人行横道前停止的车辆，除非是以低速行驶，如有行人穿越横道可随时停车。本款的任何内容不得解释为阻止缔约国或其行政分区在人行横道的规定距离之内禁止超车，或对准备超越在人行横道前停止的另一车辆的驾驶人设定更严格的规定。

第 10 款要求，驾驶人发现其后方车辆有超车意向时，除《公约》第十六条第 1 款中第一项所规定的情况外，应尽量靠近顺行方向车行道的外缘行驶，并避免加速。如果由于车行道狭窄、路面或路况等原因，考虑到对面交通的密度，速度较低或车体庞大的车辆，或必须遵守限速的车辆，若不能被另一车辆轻易或安全地超过，此种车辆的驾驶人应减速，必要时尽快移至路侧，以便让后面的来车超过。

第 11 款要求，一是，缔约国或其行政分区可在单向行车道上，或在建筑密集区内至少有两条车道、在建筑密集区外至少有三条车道以供同一方向交通使用，并以纵向标线划分的双向车行道上，允许一条车道上的车辆在顺行方向一侧超越另一车道上的车辆。在对变换车道的可能性规定适当限制的前提下，不适用《公约》第十条第 3 款的规定。二是，缔约国在不违反第 9 款规定的前提下，凡本款前项所述情况，符合规定的驾驶方式不应视为《公约》意义范围内的超车。

4. 车速及车距

《公约》第十三条对车辆行驶的速度和距离作出规定，共6款内容，分别为：车辆驾驶人的驾驶观察能力及驾驶动作要求、国内法对道路的限速规定、适当车速行驶以及跟车时的安全要求。

关于车辆驾驶人驾驶观察能力及驾驶动作的要求是：车辆驾驶人必须在任何情况下均能够控制所驾驶的车辆，并能行使适当和应有的注意，随时可以采取一切必要的动作。驾驶人在调整车速时，应始终注意各方面的情况，特别是地势、路况、本车车况及车载、天气情况，以及交通密度等，以便能够在前方视线所及的范围内以及在任何可见障碍物之前停车。遇特殊情况，特别是在视线不佳时，驾驶人应减速，必要时应停车。

关于缔约国国内法律有关道路限速的规定是：国内法应对所有道路规定限速；应对带有特殊危险的某些类别的车辆，如车重或负载过大，规定特别限速；可对某些类别的驾驶人作出类似规定，特别是新手。对于享有优先通行权的车辆，可不适用道路限速的规定。

关于适当车速行驶的要求是：若无正当理由，任何驾驶人的行车速度不应过度缓慢，以致妨碍其他车辆的正常行驶。

关于安全跟车距离的要求是：尾随另一车辆行驶的驾驶人，应与前方车辆保持充分距离，以免在其突然减速或停车时发生碰撞。另外，考虑到特定车辆的跟车安全，《公约》特别规定，在建筑密集区以外，为了便利超车，最大允许质量超过3500千克或总长度超过10米的车辆或车辆组合的驾驶人，除非他们正在或准备超车，否则应与前面的机动车保持一定距离，使超过他们的车辆可以在毫无危险的情况下进入被超车辆前面的空间。但本规定不适用于交通十分密集的情况或禁止超车的情况。

5. 对面会车

《公约》第十二条对车辆对面会车作出规定，共2款内容。

对于车辆对面会车的基本安全操作要求是：对面会车时，驾驶人应在横向留有充分空间，必要时靠近顺行方向车行道的边缘。如在采取此项动作时驾驶人发现前方有障碍物或其他道路使用人，即应减速慢行，必要时停车，让对面的道路使用人通过。

对于特定道路下车辆安全会车的要求是：在山路和具有类似山路特征的坡道上，对面来车很难或无法通过的情况下，下行车辆的驾驶人应移至路侧，以便让上行车辆通过。但如果路侧停车带的设置，在顾及车辆速度和位置的前提下，可使上行车辆向路侧停靠，且上行车辆进入路侧停车带后无须倒车，则不受上述限制。在交汇时，如两车必须有一辆倒车方可错车时，应由下行车辆的驾驶人采取倒车动作，除非上行车辆的驾驶人倒车显然更为方便。但缔约国或其行政分区可为某些车辆、某些道路或路段规定不同于本款规定的特别规则。

6. 改变方向

《公约》第十六条对车辆行驶改变方向作出规定，共 2 款内容。第 1 款规定，在向右或向左转弯进入另一条道路或路旁房舍或场地之前，驾驶人在不危及交通、人身安全或私人财产安全的情况下，按照第十四条驾驶规定的要求通行：如果驾驶人在顺行方向一侧转出，应尽量紧靠顺行方向车行道的边缘，并尽量作右转弯。如果驾驶人在另一侧转出，在不违反缔约国或其行政分区为自行车和轻便摩托车改变方向所颁布的其他规定时，在分两步穿过交叉路口的条件下，在双向车行道上，应尽量靠近车行道的中线行驶；在单向车行道上，应尽量靠近逆行方向的一侧行驶。又如欲转入另一双向道路，则应在该条道路的车行道顺行方向一侧转入。第 2 款规定，在不影响《公约》第二十一条有关行人规定的条件下，驾驶人在改变方向时，应让其他道路使用人通过车行道或其准备离开的同一道路上的其他部分。

7. 减速慢行

《公约》第十七条对车辆驾驶人减速慢行作出规定，共 2 款内容，分别是必要情形下的制动以及减速时的判断。具体要求：任何车辆的驾驶人除非因安全原因，否则不得突然制动。除非是对迫近的危险作出反应，否则必须首先确定，其明显减速行为对其他驾驶人不会造成危险或应有的不便。除非已经确定身后没有尾随车辆，或任何后方行车距离尚远，否则应作出适当手示，对其减速意图发出明确而及时的警告。但如果减速警告是由《公约》附件五第 31 段所指的车辆停车灯发出，则不适用本项规定。

（八）车行道安全岛

《公约》第二十二条对车行道安全岛的概念作出规定，要求在不违反驾驶人在车行道上位置规定的前提下，如车行道上设有安全岛、安全岗或其他装置，驾驶人可在其行驶的车行道上，从其左侧或右侧通过。但是当安全岛、安全岗或装置在允许通行一侧有路标标志或者位于双向车行道中心线，驾驶人应沿安全岛、安全岗或装置顺行方向一侧行驶。

（九）声响及灯光警告

《公约》有关声响及灯光警告的内容主要包括：声响及灯光警告、灯光使用规则以及灯光使用的免除。同时对第三十二条未涉及的其他车辆及某些道路使用人单独作出了灯光使用规则的规定。

1. 声响及灯光警告

《公约》第二十八条对驾驶人使用声响和灯光警告作出了原则性规定。要求声响警告装置用于发出适当警告，以避免事故或者在建筑密集区以外，提醒将被超越的另一驾驶人注意；声响不应过长。要求在傍晚至黎明期间，汽车驾驶人可发出《公约》第三十二条第 3 款所规定的灯光警告，而不用声响警告；如果在日间更适合，或为第 1 款第二项所指的目的，也可使用灯光警告。

2. 灯光使用规则

《公约》第三十二条对灯光使用规则进行了非常细致的规定，共15款内容，涉及视线不佳情况下的灯光使用、应当关闭远光灯开启近光灯的情况、跟车的灯光警告、雾灯的使用、前位置灯的使用、摩托车灯光的使用、灯光替代使用、特殊情况下可以不打开车灯的情况、倒车灯的使用、危险报警信号灯的使用以及特别警报灯使用。

第1款和第8款规定了视线不佳情况下的灯光使用。从傍晚到黎明期间，以及在所有视线不佳的其他情况下，如雾、雪或大雨等，行驶中的下列车辆必须打开以下车灯：机动车和轻便摩托车，根据《公约》对各类车辆要求的设备，打开远光灯或近光灯，和后位置灯；挂车以及在按照《公约》附件五第30段要求配置前位置灯的情况下，打开前位置灯和不少于两个后位置灯；机动车及其挂车在路上临时停车或停车，必须使用前后位置灯以表明其存在；在大雾、降雪、大雨或类似条件下，可使用近光灯或前雾灯。在这些情况下，可使用后雾灯作为后位置灯的补充。

第2款和第3款规定了应当关闭远光灯开启近光灯的三种情形：情形一是在道路照明充足的建筑密集区，和在非建筑密集区车行道始终有照明的情况下，且照明良好，足以使驾驶人看清较远的距离，也足以使其他道路使用人在较远处看到车辆。情形二是在驾驶人将与另一车辆会车时，以便在足够距离之外防止目眩，使另一车辆的驾驶人能够顺利行驶，不发生危险。情形三是在所有其他需要避免造成其他道路使用人或沿路之水道或铁路使用人目眩的情况下。但在一车紧跟另一辆车之后时，可用远光灯发出第二十八条第2款所指的预示超车的灯光警告。

第4款和第5款规定了雾灯的使用。只能在大雾、降雪、大雨或类似条件下使用雾灯，并以前雾灯替代近光灯使用。缔约国国内法可准许同时使用前雾灯和近光灯，及在狭窄、弯曲道路上

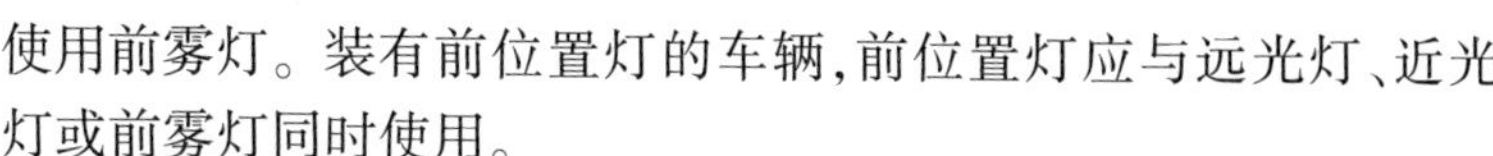

使用前雾灯。装有前位置灯的车辆,前位置灯应与远光灯、近光灯或前雾灯同时使用。

第6款规定了摩托车灯光的使用。在日间,道路上行驶的摩托车应至少在前方开近光灯,在尾部开红灯。缔约国国内法可准许使用日间行车灯替代近光灯。

第7款和第9款规定了位置灯的适用。缔约国国内法可规定,汽车驾驶人在白天必须使用近光灯或日间行车灯,且后位置灯应当与前位置灯同时使用。虽然有第8款的规定,但在建筑密集区,满足下述条件时,仍可使用停车灯替代前后位置灯:一是车辆的长度不超过6米,宽度不超过2米。二是车辆未连接挂车。三是车辆沿车行道临时停车或停车,而停车灯位于车辆距车行道外缘最远的一侧。

第7款与第10款规定了特殊情况下可以不打开车灯。即不在车行道和硬路肩上以及轻便摩托车和不带挎斗、未装备电池组的两轮摩托车,停靠在建筑密集区车行道的最外缘。

第11款规定了缔约国国内法可对车辆在建筑密集区交通稀少的街道临时停车或停车,免于适用第8和第9款的规定。

第12款、第13款与第14款分别对倒车灯、危险报警信号灯以及特别警报灯作出规定。倒车灯只能在车辆倒车或准备倒车时使用。危险警报信号灯只能用于警告其他道路使用人注意某一危险,例如,车辆因抛锚或发生事故,不能立即离开,而对其他道路使用人构成障碍或向其他道路使用人示意某一临近的危险。特别警报灯显示成蓝色灯光时,只能用于执行紧急任务的优先车辆,或在其他情况下必须向其他道路使用人警示该车的存在;显示成琥珀色灯光时,只能用于真正负责完成具体任务并配备特别警报灯的车辆,或这种车辆在道路上的存在对其他道路使用人构成危险或不便。缔约国国内法可准许使用显示其他颜色的警报灯。

第15款规定在任何情况下，车辆均不得在前方亮红灯，或在后方亮白灯，但附件五第61段所指免除情况例外。除此之外，车辆不得改变或添加与本规则相抵触的车灯。

3. 第三十二条未涉及的其他车辆及某些道路使用人的灯光使用规则

《公约》第三十三条对特殊车辆和道路使用人灯光使用规则作出补充性规定，共2款内容，分别针对手推车、畜力车以及行进人群。

要求凡不适用《公约》第三十二条规定的车辆或车辆组合，在傍晚至黎明期间上路，须至少在前面开一盏白灯或局部黄灯，尾部至少一盏红灯。在前面或尾部只有一盏灯的情况下，该灯应装在车辆的中心线上，或装在逆行方向的一侧。对于手推车，即用手拉或推的小车，须至少在前面有一白色或局部黄色照明，尾部至少有一红色照明。这两个照明可由一个放在逆行方向一侧的灯盏发出。宽度不超过1米的手推车无须照明。对于畜力车，应至少在前方有两个白色或局部黄色照明，尾部两个红色照明。但缔约国国内法可允许这类车辆在前方只有一个白色或局部黄色照明，尾部一个红色照明。上述两种情况下，灯的位置均应放在逆行方向一侧。如果该灯无法固定在车上，可由在紧靠逆行方向一侧随车行走的人手提。此外，畜力车应在尾部安装两个红色逆反射器，并尽可能靠近车的外缘。宽度不超过1米的畜力车无须照明，但应在尾部逆行方向一侧或中间安装一个逆反射器。

要求在夜间沿车行道行走时，由一人带领或组成队伍的行人人群，或驮负、牵引及骑乘牲口，或驱赶牲口的驾驭人，必须在逆行方向一侧前方，至少显示一个白色或局部黄色照明，尾部一个红色照明，或在两个方向使用琥珀色照明。这些照明可由一个装置显示。

4. 灯光使用的免除

《公约》第三十四条对车辆灯光的使用作出免除规定,允许缔约国在以下几种情况中免除驾驶人使用灯光信号的要求。第一,车辆使用特别灯光和声响警告装置警告其驶近时,所有道路使用人均应避让,必要时停止行驶,以便该车通过车行道。第二,缔约国国内法可作出规定,优先车辆的驾驶人在使用该车的特别警告装置发出该车行进的警告时,在不对其他道路使用人造成危险的条件下,无须遵守第六条第2款之外的全部或任何规定。第三,缔约国国内法可决定,道路修筑或养护工人,包括该项工作所用设备的驾驶人,在采取必要提防措施的前提下,在何种范围内工作时无须按《公约》第二章之规定行事。第四,为超过或通过在道路上工作的第3款所指的设备,其他车辆的驾驶人在必要范围内,并在充分小心注意的条件下,可不受《公约》第十一和第十二条规定的限制。

(十)临时停车和停车

《公约》第二十三条对临时停车和停车作出非常详细的规定,共6款内容。

第1款和第3款规定了禁止临时停车和停车的地点。在建筑密集区之外,临时停车或停车,以及停车行进的牲畜,应尽可能停驻在车行道以外的其他地点。不论是在建筑密集区之内还是之外,均不得在自行车路、自行车道、公共汽车道、骑马使用的小路、人行小路、人行道或专供行人使用的便道上停留,除非适用的国内法允许。禁止车辆在车行道上的人行横道上、自行车横道上、平交道口上、道路上的电车或铁路轨道上,或与轨道过近致使可能妨碍电车或火车行驶的地点上临时停车或停车。此外,除非缔约国或其行政分区另有规定,禁止在人行道和自行车道上停车。在下列可能引起危险的地方应禁止临时停车和停车:一是立

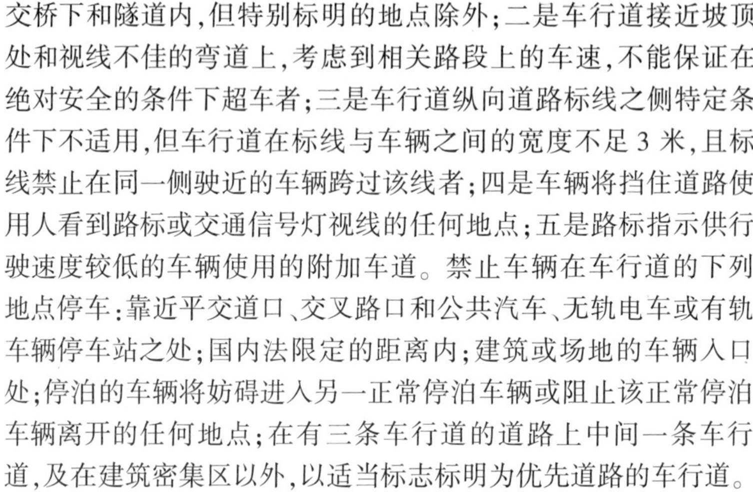

交桥下和隧道内,但特别标明的地点除外;二是车行道接近坡顶处和视线不佳的弯道上,考虑到相关路段上的车速,不能保证在绝对安全的条件下超车者;三是车行道纵向道路标线之侧特定条件下不适用,但车行道在标线与车辆之间的宽度不足3米,且标线禁止在同一侧驶近的车辆跨过该线者;四是车辆将挡住道路使用人看到路标或交通信号灯视线的任何地点;五是路标指示供行驶速度较低的车辆使用的附加车道。禁止车辆在车行道的下列地点停车:靠近平交道口、交叉路口和公共汽车、无轨电车或有轨车辆停车站之处;国内法限定的距离内;建筑或场地的车辆入口处;停泊的车辆将妨碍进入另一正常停泊车辆或阻止该正常停泊车辆离开的任何地点;在有三条车行道的道路上中间一条车行道,及在建筑密集区以外,以适当标志标明为优先道路的车行道。

第2款规定了车行道上的临时停车和停车。车行道上停止前进的牲畜和车辆,应尽量靠近车行道边缘。除非在驾驶人的顺行方向一侧,否则驾驶人不得在车行道上临时停车或停车;但如顺行方向一侧因有轨道而无法停车时,可在另一侧临时停车或停车。此外,缔约国或其行政分区还可自行作出如下规定:一是在某些情况下,不禁止在一侧或另一侧临时停车或停车,例如在顺行方向一侧有路标禁止临时停车。二是在单向车行道上,准许在顺行方向一侧以及另一侧,或仅允许在另一侧临时停车或停车。三是准许在车行道中央特别标明的位置临时停车或停车。除非缔约国国内法另有规定,凡两轮自行车、两轮轻便摩托车和不带挎斗的两轮摩托车以外的其他车辆,不得在车行道上并排临时停车或停车。临时停车或停车,应与车行道外侧平行,除非停车地点的设计允许其他方式。

第4款规定驾驶人或驾驭人在离开其车辆或牲畜之前,务必采取一切适当的提防措施,避免发生任何事故,如果是汽车,需防止被他人擅用。

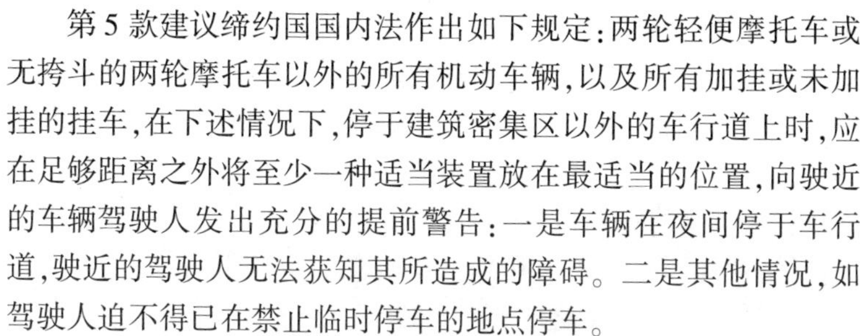
第 5 款建议缔约国国内法作出如下规定：两轮轻便摩托车或无挎斗的两轮摩托车以外的所有机动车辆，以及所有加挂或未加挂的挂车，在下述情况下，停于建筑密集区以外的车行道上时，应在足够距离之外将至少一种适当装置放在最适当的位置，向驶近的车辆驾驶人发出充分的提前警告：一是车辆在夜间停于车行道，驶近的驾驶人无法获知其所造成的障碍。二是其他情况，如驾驶人迫不得已在禁止临时停车的地点停车。

（十一）发生事故时的行为

《公约》第三十一条规定了交通事故中涉及的人员，应当在不影响缔约国国内法有关救助伤员义务规定的条件下，在不造成另一起交通事故的情况下尽可能立即停车。交通事故中涉及的人员尽量在肇事地点确保交通安全，如事故中有人死亡或重伤，在不影响交通安全的前提下，保护事故现场，包括防止对确定责任可能有用的痕迹消失。如果与事故有关的其他人提出要求，应当向其告知身份。如果事故造成伤亡，即行报警并留守或返回事故现场，等候警察到场，除非得到警察准许离开，或必须照顾伤员，或本人必须接受救护，否则不得离开。缔约国或其行政分区在未造成严重伤害和有关人等并未要求报警的情况下，可以根据国内法不强制执行本条“如事故造成伤亡，即行报警并留守或返回事故现场，等候警察到场，除非得到警察准许离开，或必须照顾伤员，或本人必须接受救护，否则不得离开”的规定。

二、特点

道路规则作为《公约》的重要内容，充分体现了《公约》自身的特点。首先是全面性，道路规则部分几乎对各国国内法涉及的道路规则内容均作出了详细的规定，涵盖了道路规则的方方面面。其次是一致认同性。目前有近 100 多个国家和地区加入《公

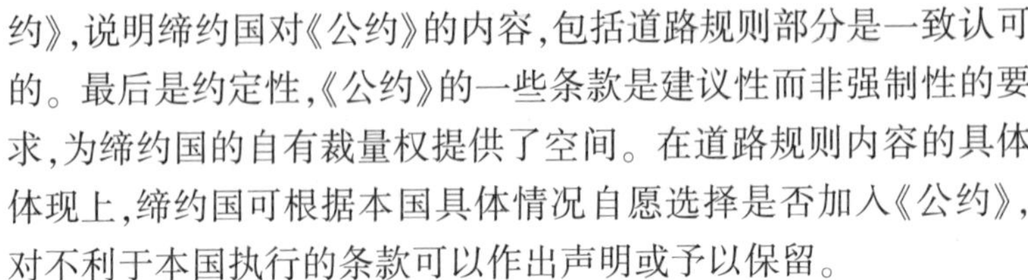

约》,说明缔约国对《公约》的内容,包括道路规则部分是一致认可的。最后是约定性,《公约》的一些条款是建议性而非强制性的要求,为缔约国的自有裁量权提供了空间。在道路规则内容的具体体现上,缔约国可根据本国具体情况自愿选择是否加入《公约》,对不利于本国执行的条款可以作出声明或予以保留。

第4节 《公约》准许汽车和挂车进入国际交通条件的内容和特点

《公约》第三章对准许汽车和挂车进入国际交通条件的情况作出了单独规定,以从诸多方面加强对进入国际交通的车辆的管理。如果缔约国加入《公约》并且没有对相关内容提出保留,则应当按照《公约》的要求管理国际车辆。

一、内容

《公约》第三章内容为“准许汽车和挂车进入国际交通条件”,共六条,对进入国际交通的汽车和挂车的登记、登记号牌、登记国的国别标识、车辆的技术要求和检验等作出规定。

(一)登记

《公约》第三十五条规定了进入国际交通条件的汽车和挂车登记相关内容,共4款内容。

第1款有四项规定,分别是对登记证书记载内容、缔约国自有裁量权、特殊车辆以及牵引车辆的相关规定。第一项规定,进入国际交通的车辆应当持有登记证书并对该证书记载的内容作出规定。为具备享有《公约》利益的资格,凡进入国际交通的汽车,以及轻型挂车以外的连接于汽车的挂车,应在一个缔约国或其行政分区登记,汽车驾驶人应携带该缔约国或其行政分区主管机关,或其正式的授权代表颁发的此项登记的有效证书。此项证书称为登记证书,至少应列有以下具体项目:登记号牌、车辆初次登记的日期、证书持有人的全名及住址、车辆制造厂家名称或商标、车辆底盘的编号、如车辆为运载货物车辆,列出最大允许质量,如为运载货物车辆,列出整备质量、证件有效期。登记证书填写的事项限于拉丁文印刷体或一般所称英文手写体,或以该种字体重复前者。第二项规定,允许缔约国或其行政分区自行作出决定,在其境内颁发的登记证须填写制造年份,而不填写初次登记日期。第三项规定,如果是《公约》附件六和附件七定义的 A 类或 B 类汽车及可能情况下也包括其他汽车,此类汽车登记必须满足下面三项要求:一是登记证书上方应有《公约》附件三所规定的登记国的识别标志。二是所有登记证书均须在本款(a)项所要求的 8 项信息之前或之后,加上相应的字母 A、B、C、D、E、F、G 和 H。三是可在登记国本国语文的证书名称之前或之后,加上法文“Certificated immatriculation”。第四项规定,挂车,包括半挂车,以道路交通以外的其他运输方式临时入境,持得到登记证书签发机关证明确认的原件影印件,可视为满足要求。

第 2 款规定,在国际交通中未分开的铰接车辆有权享有《公约》规定之便利,即使组成该车的牵引车和半挂车只有一个登记和一个证书。

第 3 款规定,《公约》之任何内容不得解释为限制缔约国或其行政分区有权要求进入国际交通的车辆,在该车的乘车人与登记人姓名不符时,有权要求驾驶人证明其拥有该车的权利。

第 4 款规定,建议缔约国尚未设立专门机构的,应设立此机构,负责在国家或地区保存所有投入使用的汽车的记录,以及每一车辆登记证书所有具体细节的重要记录。

(二)登记号牌

《公约》第三十六条规定了车辆的登记号牌。第 1 款规定,凡

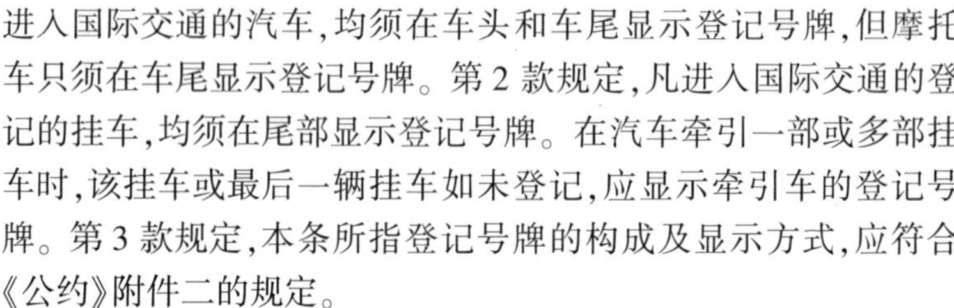
进入国际交通的汽车，均须在车头和车尾显示登记号牌，但摩托车只须在车尾显示登记号牌。第2款规定，凡进入国际交通的登记的挂车，均须在尾部显示登记号牌。在汽车牵引一部或多部挂车时，该挂车或最后一辆挂车如未登记，应显示牵引车的登记号牌。第3款规定，本条所指登记号牌的构成及显示方式，应符合《公约》附件二的规定。

（三）登记国的国别标识

《公约》第三十七条规定了登记国的国别标识。第1款规定，凡进入国际交通的汽车，除其登记号牌外，还应在尾部显示该车登记国的国别标识。该标识可与车牌分开显示，也可放入车牌之内。当区别标识与车牌放在一起时，如必须在车头悬挂登记号牌，区别标识也应在车头的登记号牌上显示。第2款规定，凡与汽车连接的挂车，依《公约》第三十六条规定在尾牌分开，也可与车牌放在一起。即使挂车的登记国不是所连接的牵引汽车的登记国，本款规定依然适用；如果挂车没有登记，应在挂车尾部显示牵引车辆的登记国国别标识，除非是在本国行驶。第3款规定，国别标识的构成及显示方式，或与号牌合一的方式，应符合本《公约》附件二和附件三的规定。

（四）车辆技术要求和车检

《公约》第三十九条规定了车辆技术要求和车辆检验，要求进入国际交通的车辆应当符合《公约》附件五的规定，且缔约国国内法应当规定定期对车辆进行技术检查。

（五）暂行条款

《公约》第四十条内容是暂行条款，是对本章条款适用规定的补充规定。第1款规定，自《公约》依第四十七条第1款生效之日起10年内，进入国际交通的挂车不论其允许最大质量如何，即使没有登记，也应享有《公约》各项规定之便利。第2款规定，登记证应在《公约》生效之日起5年内,符合对第三十五条第1款修正案的规定。在这段时间里颁发的登记证,在失效期之前,应予相互承认。

二、特点

准许汽车和挂车进入国际交通条件的规定也集中体现了《公约》自身的特点,在帮助缔约国建立汽车和挂车进入国际交通条件的管理制度方面提出了建设性意见,起到了重要的作用。《公约》中对于汽车和挂车进入国际交通的管理方面提出了建设性意见,缔约国可以在公约的基础上,对本国法律法规进行管理和完善。

第5节 《公约》汽车驾驶人规则的内容和特点

《公约》第四章对汽车驾驶人规则作出了规定,主要涉及驾驶证和部分有关驾驶人管理暂行规定的内容。

一、内容

《公约》第四章内容为"汽车驾驶人规则",共三条,分别为驾驶证、暂扣驾驶证和暂行规定。

(一)驾驶证

《公约》第四十一条内容为驾驶证,共6款。分别为:驾驶资格的基本规定;缔约国承认符合《公约》要求的国内驾驶证和国际驾驶证的有效性;国内驾驶证和国际驾驶证的有效期;排除了特定身体和年龄条件下的驾驶证的有效性;驾驶证持证人的有关要求;允许缔约国对驾驶证作出单独规定的条款。《公约》规定从2011年3月28日开始适用新的驾驶证管理规定。

第 1 款要求，一是凡汽车驾驶人均须持有驾驶证。二是缔约国承诺，保证只在主管机关核实驾驶人确实具备必要的知识和技能后，方发给驾驶证；授权核实驾驶人具备必要知识和技能的人，必须拥有相应的资格；国家通过法律对理论和实际操作考试的内容和程序作出规定。三是国内法须对获得驾驶证的要求作出规定。即明文规定持有驾驶证的最低年龄、体检要求，以及通过理论和实际操作考试的条件。四是《公约》的任何内容，不得解释为阻止缔约国或其行政分区对驾驶其他机动车辆和轻便摩托车要求持有驾驶证。

第 2 款要求，缔约国应当承认下列两类驾驶证的有效性：一是任何符合《公约》附件六所规定的国内驾驶证。二是任何符合《公约》附件七所规定的国际驾驶证，但必须与相应的国内驾驶证一并出示。持证者可在其境内驾驶符合驾驶证所含类别的车辆，但驾驶证必须依然有效，发照人为另一缔约国或其行政分区，或其正式授权的机构；一缔约国所发的驾驶证，应在另一缔约国境内得到承认，直至该国领土成为持照人的常住地。本款规定不适用于学员驾驶证。

第 3 款要求，国内法可限定国内驾驶证的有效期。国际驾驶证的有效期，应从发照之日起最长计 3 年，或与国内驾驶证的到期日相比，以时间在前者为准。

第 4 款要求，下述三种情况可能排除驾驶证有效性：第一种情况，若驾驶证的有效性附带特别注明的条件，如考虑到驾驶人的残疾，持照人必须佩戴某种装置，或车辆必须安装某种设备。除非有关条件得到满足，否则不承认驾驶证的有效性。第二种情况是，缔约国可拒绝承认不满 18 岁的人所持驾驶证在其境内的有效性。第三种情况是，缔约国可拒绝承认不满 21 岁的人所持驾驶证在其境内驾驶《公约》附件六和附件七所指 C、D、CE 和 DE 类汽车或车辆组合的有效性。

第5款要求,国际驾驶证只能发给国内驾驶证的持有人,且国内驾驶证的发放必须满足《公约》规定的最低条件。即持证人的国内驾驶证和国际驾驶证只能由持证人常住地所属缔约国发放,或由承认另一缔约国所发的驾驶证的缔约国发放;国际驾驶证不能在本国境内使用。

第6款要求,缔约国可不承认在另一缔约国境内向以下持证人所发国内驾驶证的有效性:发证时该人的常住地在本国境内,或发证后该人的常住地已迁入本国境内。也可不承认对以下持证人所发国内驾驶证的有效性:发证时驾驶人的常住地不在发证国境内,或发证后已将其常住地迁至另一领土。

(二)暂扣驾驶证

《公约》第四十二条内容为暂扣驾驶证。要求对缔约国暂扣驾驶人的驾驶证进行规定,对于暂扣驾驶证后的后续管理工作进行规定,并提出特定情况下禁止驾驶人再持有驾驶证驾驶机动车的情况。具体内容为:缔约国或其行政分区于驾驶人在该国境内触犯规章,依该国法律应没收驾驶证时,可以取消该驾驶人在其境内使用国内或国际驾驶证的权利。在这种情况下,取消驾驶证使用权的缔约国或其行政分区主管机关可以:一是吊销并扣留驾驶证,直至取消使用期截止,或持证人离开该国领土,以时间在前者为准。二是将吊销驾驶证使用权一事通知发照机关或授权发照的机关。三是如为国际驾驶证,在驾驶证上的空白签注栏注明,驾驶证在该国境内不再有效。四是如未采取本款第一项所规定的程序,可在第二项所指的通知之外,请发照机关或授权发证的机关将对该人所作决定通知本人。缔约国应设法将依第1款第四项规定的程序向该国通报的决定告知本人。《公约》的任何内容不得解释为,禁止缔约国或其行政分区对持有国内或国际驾驶证的驾驶人,在十分明显或业已证明其状况已不能安全驾驶或

其驾驶权已被其常住地国吊销的情况下,禁止该人驾驶车辆。

(三)暂行规定

《公约》第四十三条为暂行规定,对驾驶证的签发时效问题单独作出补充规定。缔约国应在《公约》附件六的新规定生效至5年后,根据新的规定签发国内驾驶证。根据较早的《公约》第四十一条、第四十三条和附件六的规定,在该阶段截止日期之前签发的国内驾驶证,在其有效期内仍应予以承认。缔约国应在《公约》附件七的新规定生效至5年后签发国际驾驶证。依此前《公约》第四十一条、第四十三条和附件七的规定签发的国际驾驶证,在该阶段截止日期之前,根据第四十一条第3款的规定,应继续有效。

二、特点

在对驾驶证的管理,特别是针对驾驶人取得驾驶资格方面,《公约》与各国国内法存在一致性。明确对国际驾驶证管理的相关内容,是《公约》最为重要的特点之一。

第6节 《公约》准许自行车和轻便摩托车进入国际交通条件的内容

《公约》第五章内容为“准许自行车和轻便摩托车进入国际交通条件”,共一条,3款。分别对不带引擎的自行车进入国际交通应当安装的装置;未将轻便摩托车作为摩托车管理的国家应当安装的装置以及将轻便摩托车视作摩托车管理的国家的管理原则提出要求。

第1款要求,不带引擎的自行车进入国际交通时应当装备有效的制动器,装有可在足够距离之外听到的车铃,但不带其他声响警告装置,以及在车尾部装有红色反光装置,并装有可在前部显示白色或局部黄色灯光并在尾部显示红色灯光的装置。

第2款要求,在并未依《公约》第五十四条第2款规定声明将轻便摩托车视同摩托车的缔约国境内,从事国际交通的轻便摩托车应当装备两套独立的制动器、可在足够距离之外听到的车铃或其他声响警告装置、有效的排汽消音器、适当设备,可在车的前方显示白色或局部黄色灯光,尾部显示红色灯光和红色逆反射器以及显示《公约》附件四所规定的识别标志。

第3款要求,在依《公约》第五十四条第2款声明将轻便摩托车视同摩托车的缔约国境内,轻便摩托车获准进入国际交通的条件,与《公约》附件五对摩托车所规定的条件相同。

第7节 《公约》最后条款的内容

《公约》第六章内容为"最后条款",包括生效、修改、加入与退出等相关内容,但不涉及道路交通安全管理具体内容。不过,任何计划加入《公约》的国家,均需详细分析该部分内容,必要时需作出相应保留。

第5章　《公约》与我国道路交通安全法之比较

《国际道路交通公约》(以下简称《公约》)是一部特殊的"法律",它既是国际道路交通规则统一化的成果,也是国际道路交通规则统一化的推动者,其所凝练出的原则与提炼出的共性条款对缔约国有着非常重要的意义。

我国现行道路交通法律法规同《公约》有着诸多的相似点,这是由道路交通安全管理基本规则本身,以及《公约》具有提炼国家间共性条款的性质决定的。然而,在落实到具体的道路交通管理规定上时,各个国家难免存在差异。因此,《公约》在整体概括凝练各国国内法律的基础上,明确相应的规定,并赋予缔约国一定的自主权,允许其根据本国的情况作出管理规定。

了解现阶段我国法律法规与《公约》在内容上的异同,对于探讨研究我国加入《公约》的可行性有着极其重要的意义。两者间的共性是我国加入《公约》的优势,差异性则是我国加入《公约》可能面临的问题与挑战。

第1节　《公约》与我国道路交通安全法的共性规定

我国现行法律法规与《公约》在内容上的共性是我国加入《公约》的基础和优势。这一方面反映了各国在道路交通管理方面存在的共性,另一方面也反映出我国现行法律法规与时俱进的特征。

(一)总则共性

在总则部分,我国现行法律法规与《公约》存在如下七个方面的一致性,分别是:“国内法”一词理解的一致性、交通概念术语的一致性、机动车以外其他车辆标准管理的一致性、车辆进入国际交通的原则性规定一致性、临时入境车辆登记证书规定的一致性、驾驶人培训教育规定的一致性以及摩托车驾驶人驾驶证管理规定的一致性。

(1)我国现行法律法规与《公约》在“国内法”一词的理解上存在共性。《公约》与我国法律法规均认为,“国内法”为缔约国现行国家或地方法律及规则的全部。“国内法”一词概念的一致性既是后续开展对比研究分析的基础,也是《公约》内容在缔约国国内实现的基础。

(2)我国现行法律法规与《公约》在交通概念术语上存在一致性。对比发现,《公约》中总计十三条术语与我国法律法规中的概念能够实现对接,包括道路、车行道、车道、道路交叉、平交道口、挂车、半挂车、铰接车辆、让路等。涉及道路规则、驾驶人管理的很多内容也与我国法律法规的规定存在一致性。另外,由于《公约》总则自身规定内容简单,其允许缔约国根据自己国家的情况对一些概念进行详细规定。例如《公约》允许针对轻便摩托车、助力车、机动车等概念作出更为详细的规定。由此可见,缔约国可以根据自己国家的情况进行定义与管理,而不会同《公约》产生冲突。总体上看,《公约》此类规定不会造成缔约国国内法与《公约》的冲突。

(3)我国现行法律法规与《公约》在机动车以外的其他车辆标准的管理上存在一致性。《公约》仅规定了缔约国国内机动车的技术条件,对于缔约国,公约并没有对机动车以外的其他车辆标准增设其他义务,即并未对性能或其他技术指标作出严格限

制。《公约》对于汽车以外的其他车辆的技术要求不做任何义务性要求,因此《公约》不会对缔约国机动车以外的其他车辆技术规定产生影响。

(4)我国现行法律法规与《公约》在车辆进入国际交通的原则性规定上存在一致性。《公约》对车辆进入国际交通作出原则性规定,要求缔约国在一定条件下允许车辆参与国际交通,并且在特定条件下接纳国外车辆进入本国交通。我国《临时入境机动车和驾驶人管理规定》对临时进入我国的外国驾驶人与车辆进行了规定。

(5)我国现行法律法规与《公约》在临时入境车辆登记证书规定上具有一致性。《公约》与我国《临时入境机动车和驾驶人管理规定》均要求,临时入境车辆需要通过登记并由有关部门发放驾驶资格的书面证据,持有登记证书,方可参与国际交通。

(6)我国现行法律法规与《公约》在驾驶人培训教育规定上存在一致性。《公约》对驾驶机构进行驾驶人培训教育提出要求,要求缔约国国内法必须对驾驶人课程设置作出具体规定。我国已经对驾驶人培训课程作出学时规定,也基本形成驾驶培训人员的资质要求与考核标准,符合《公约》要求。另外,对于驾驶人需要掌握驾驶资格的限制性规定,也是我国现行法律法规与《公约》的共性。

(7)我国现行法律法规与《公约》在摩托车驾驶人驾驶证管理规定上存在一致性。《公约》要求摩托车驾驶人应当具备相应资格,即取得摩托车的驾驶证。这与我国现行法律法规要求一致。

(二)道路规则共性

我国现行法律法规与《公约》在道路规则方面存在一致性,内容包括:有关道路交通信号管理规定的一致性,有关交通勤务人员指示规定的一致性,有关道路规则总则规定的一致性,有关驾驶人通行规定的一致性,有关车行道上位置规定的一致性,有关超车和连贯行驶规定的一致性,有关对面会车规定的一致性,有关车速与车距规定的一致性,有关驾驶动作规定的一致性,有关改变方向规定的一致性,有关减速慢行规定的一致性,有关平交道口管理规定的一致性,有关"行人规则"规定的一致性,有关"临时停车和停车"规定的一致性,有关高速公路管理规定的一致性,有关"自行车、摩托车和轻便摩托车驾驶人及摩托车的特别规则"的一致性,有关"车辆装载"原则性规定的一致性,有关"发生事故时的行为"规定的一致性,有关车辆灯光使用规则的一致性以及有关特种车辆的优先通行权的一致性。

(1)我国现行法律法规与《公约》在有关道路交通信号管理规定上存在一致性。我国《道路交通安全法》第二十五条和二十六条对于交通信号作出具体规定,即全国实行统一的道路交通信号。交通信号包括交通信号灯、交通标志、交通标线和交通警察的指挥。交通信号灯、交通标志、交通标线的设置应当符合道路交通安全、畅通的要求和国家标准,并保持清晰、醒目、准确、完好。根据通行需要,应当及时增设、调换、更新道路交通信号。增设、调换、更新限制性的道路交通信号,应当提前向社会公告,广泛进行宣传。交通信号灯由红灯、绿灯、黄灯组成。红灯表示禁止通行,绿灯表示准许通行,黄灯表示警示。《公约》第五条对交通标志和信号的法律地位作出规定。对道路使用人遵守路标、交通信号和道路标线的指示作出共同原则性规定是两者的重要共同特征。

(2)我国现行法律法规与《公约》在有关交通勤务人员指示规定上存在一致性。我国《交通警察道路执勤执法工作规范》第十八条至第二十四条对交通警察的执勤执法行为举止作出规定,

各地方也有地方性工作规范对具体要求进行细化。《公约》与我国在此方面的共性有:一是指挥的权威性。两者都要求道路使用人遵守交通勤务人员所发出的指示。只是《公约》对于交通勤务人员的规定更具体,更有利于提高其工作效力;从保障交通勤务人员安全的角度出发,要求无论白天还是夜间,均应重视勤务人员指挥交通时的可视性与安全性。二是动作的规范性。两者都对交通勤务人员的指挥动作作出规定。只是法律规定更全面具体,规定了交通勤务人员包括站立、行走、敬礼以及使用手势信号指挥等具体的动作要求。此外,《公约》并未强制要求各个国家对交通勤务人员指挥手势的规定与公约一致,所以在动作的规范性要求上,我国法律规定并不与《公约》产生冲突。三是指挥的优先性。两者都在一定程度上肯定了交通勤务人员的指挥,优先于交通信号传达的指示内容。

(3)我国现行法律法规与《公约》在有关道路规则总则的规定上存在一致性。两者均要求道路使用人履行维护道路交通安全的义务,包括:第一,禁止道路使用人从事一切危及道路交通安全、人身安全与公共或私人财产安全的行为。第二,对于自身造成的无法规避的危险或障碍,任何道路使用人均应当尽快消除危险,必要时有义务警告其他道路使用人潜在的危险。第三,对于道路上出现的特殊道路使用人群体,特别是行人,骑车人,儿童,老年人或者残疾人,无论是从道德的角度还是从法律的角度,都应当对其提供更多的关注与帮助,并且重视保护这些弱势群体的人身安全。第四,驾驶人和座椅配备安全带的乘客应当系好安全带。

(4)我国现行法律法规与《公约》在有关驾驶人通行的规定上存在一致性。主要体现在:第一,暂行搁置有关无人驾驶的讨论,要求车辆必须有驾驶人。近些年随着无人驾驶技术的发展,诸多领域都开始关注无人驾驶对交通安全产生的影响,虽然今年来无人驾驶已经被多次纳入讨论,但是从目前《公约》和我国的要求来看,凡驾驶机动车时车辆均需有一名驾驶人。第二,驾驶人应具备相应的驾驶资格。《公约》第八条第3款、第4款对应我国《机动车驾驶证申领和使用规定》的内容,均要求驾驶人需要具备一定的身体能力和智力能力,并且有驾驶车辆的健全身体及精神状态,此外驾驶人还需要掌握驾驶车辆必需的知识和技能。第三,《公约》第八条第3款、第5款对应我国《道路交通安全法》第六十条内容,提出了驾驭人,即驾驶畜力车人员的概念。由此可见,我国对驾驶人的管理,不仅符合《公约》的原则性要求,而且更加细化,是对《公约》的具体规定的完善。

(5)我国现行法律法规与《公约》在有关车行道上位置的规定存在一致性。《道路交通安全法》第三十五条、第三十六条、第五十七条以及《道路交通安全法实施条例》第四十四条、第七十七条详细规定了机动车、非机动车以及行人实行右侧通行,根据道路条件和通行需要,将道路划分为机动车道、非机动车道和人行道,机动车、非机动车、行人分道通行,同时根据不同速度要求,对在道路同方向划有两条以上机动车道的,将左侧划分为快速车道,右侧划分为慢速车道。上述规定表明,我国规定的车行道位置符合《公约》第十条要求的通行方向统一性。虽然没有专门规定和开设“专供或主要供两个其他国家之间交通使用的道路”,但并没有与《公约》的规定相冲突。

(6)我国现行法律法规与《公约》在有关超车和连贯行驶的规定上存在一致性。具体体现在:第一,均有超车方向性规定。虽然《公约》规定的逆行方向超车与我国前车左侧超越规定不同,但是两者均对超车方向进行了规定,指导驾驶人选择超车方向。第二,均有超车安全性的保障与超车禁止性规定。我国《道路交通安全法》第四十三条规定了不得超车的情形,分别为:前车正在左转弯、掉头、超车的;与对面来车有会车可能的;前车为执行紧急任务的警车、消防车、救护车、工程救险车的；行经铁路道口、交叉路口、窄桥、弯道、陡坡、隧道、人行横道、市区交通流量大的路口的。我国《道路交通安全法实施条例》第四十七条规定了超车标准动作：机动车超车时，应当提前开启左转向灯、变换使用远、近光灯或者鸣喇叭。在没有道路中心线或者同方向只有一条机动车道的道路上，前车遇后车发出超车信号时，在条件许可的情况下，应当降低速度，靠右让路。后车应当在确认有充足的安全距离后，从前车的左侧超越，并与被超车辆拉开必要的安全距离后，开启右转向灯，驶回原车道。《公约》对于超车行为，要求通过四项原则判断：尾随车辆的驾驶人尚未开始超车动作；同一车道前方车辆的驾驶人未发出准备超越另一车辆的警告；超车不会对来向交通造成危险或妨碍，特别是即将进入的车道在足够的距离之内没有其他车辆，且两车的相对速度足以保证在较短的时间内完成超车；除非使用禁止来向交通的车道，本人能够回到规定位置而不会对被超过的道路使用人造成不便。第三，均有预留安全距离的规定。两者均规定，超车时应当预留出安全距离，即与前车保持足以采取紧急制动措施的安全纵向距离，及横向安全距离。第四，均有超车结束动作的规定。两者均要求，完成超车后应当立即回到原车道，避免给道路上其他车辆造成危险。第五，均有重点强调临近人行横道时超车的禁止性规定。两者均要求，车辆不得超越另一驶近人行横道的车辆，人行横道应在车行道上以标线划出，或有相应的标识。第六，均有被超越驾驶人协助超车义务的规定。我国《道路交通安全法实施条例》第四十七条规定，前车在适当条件下，应当降低车速，靠右让路。《公约》同样规定，前车驾驶人在发现其后面行驶的驾驶人有超车意向时，应尽量靠近顺行方向车行道的外缘行驶，并且避免加速。如果由于车行道狭窄，路面或路况等原因，考虑到对面交通的密度，速度较低或者车体庞大时，应当减速，必要时应当尽快移到路侧，以便让后面的来

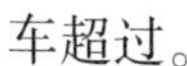

车超过。

(7)我国现行法律法规与《公约》在有关对面会车的规定上存在的一致性。《公约》仅提出了原则性要求,主要是针对会车时预留空间以及安全驾驶的规定。我国的相关规定更为细化,《道路交通安全法实施条例》第四十八条分别规定了会车的一般规则、有障碍路段的会车规则、狭窄坡路的会车规则、狭窄山路的会车规则、夜间会车的灯光使用要求。具体地,在没有中心隔离设施或者没有中心线的道路上,机动车遇到相对方向来车时应当遵守下列规定:减速靠右行驶,并与其他车辆、行人保持必要的安全距离;在有障碍的路段,无障碍的一方先行;但有障碍的一方已驶入障碍路段而无障碍的一方未驶入时,有障碍的一方先行;在狭窄的坡路,上坡的一方先行;但下坡的一方已行至中途而上坡的一方未上坡时,下坡的一方先行;在狭窄的山路,不靠山体的一方先行;夜间会车应当在距离相对方向来车 150 米以外改用近光灯,在窄路、窄桥和非机动车会车时应当使用近光灯。由此可见,与《公约》相比,我国的法律规定更全面详细,并且与《公约》的规定具有一致性,是《公约》原则性内容的细化,因此与《公约》要求并不存在冲突。

(8)我国现行法律法规与《公约》在有关车速与车距的规定上存在一致性,具体体现在:第一,两者均规定,应根据天气情况、道路通行情况、特殊路段以及视线不佳的情况,调整车速,减速慢行。关于机动车的行驶速度,我国基本上是采取限制机动车的最高行驶速度的做法。我国《道路交通安全法实施条例》第四十五条、第四十六条对特殊天气情况、道路通行情况和特殊路段以及视线不佳情况规定了相应的车速。《道路交通安全法》第四十三条第 1 款规定了行车距离,即同车道行驶的机动车,后车应当与前车保持足以采取紧急制动措施的安全距离。第二,两者均规定具有优先通行权的车辆没有速度限制。《公约》规定国内法应对所有道路规定限速,且国内法认定的优先车辆,可以不适用道路限速规定,此项规定与我国对特殊车辆的管理规定相一致。第三,两者均规定应当保持安全行车距离。

(9)我国现行法律法规与《公约》在有关驾驶动作、改变方向、减速慢行的规定上存在一致性。虽然我国尚未将驾驶动作、改变方向以及减速慢行等有关具体驾驶操作行为规定列为法律条文,而是由驾驶培训机构对学员进行培训,这与《公约》的呈现方式不同,但两者对于关注道路交通安全,避免为其他道路使用人造成危险的目的是一致的。

(10)我国现行法律法规与《公约》在有关平交道口的管理规定上存在一致性。具体表现在对车辆及行人通过铁路道口时的通行规则和注意事项作出具体规定,特别是遵守信号标志、减速慢行、不得停车、确认安全这四方面。我国《道路交通安全法》第二十七条规定,铁路与道路平面交叉的道口,应当设置警示灯、警示标志或者安全防护设施。无人看守的铁路道口,应当在距道口一定距离处设置警示标志。第四十六条规定,机动车通过铁路道口时,应当按照交通信号或者管理人员的指挥通行;没有交通信号或者管理人员的,应当减速或者停车,在确认安全后通过。《道路交通安全法实施条例》第四十六条规定,通过铁路道口车辆最高行驶速度不得超过每小时 30 千米,其中拖拉机、电瓶车、轮式专用机械车不得超过每小时 15 千米。第四十九条规定,机动车在有禁止掉头或者禁止左转弯标志、标线的地点以及在铁路道口、人行横道、桥梁、急弯、陡坡、隧道或者容易发生危险的路段,不得掉头。我国《道路交通安全法》及其实施条例很准确的细化了《公约》对于平交道口的驾驶要求,两者之间存在一致性。

(11)我国现行法律法规与《公约》在有关“行人规则”规定上存在一致性。针对行人的通行规则,《公约》允许缔约国根据本国交通情况作出法律规定。《公约》第二十条第 1 款明确表述,除车

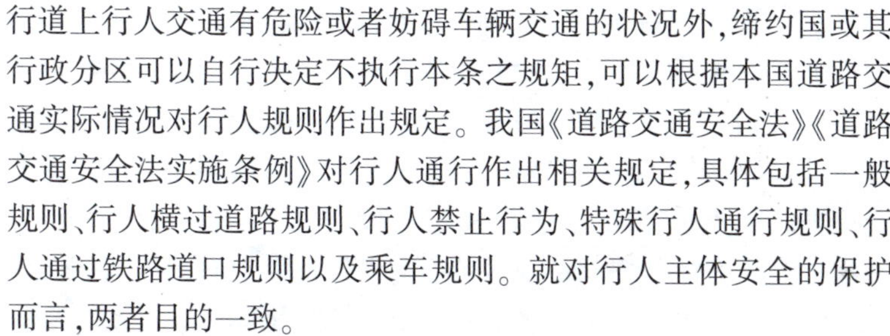

行道上行人交通有危险或者妨碍车辆交通的状况外，缔约国或其行政分区可以自行决定不执行本条之规矩，可以根据本国道路交通实际情况对行人规则作出规定。我国《道路交通安全法》《道路交通安全法实施条例》对行人通行作出相关规定，具体包括一般规则、行人横过道路规则、行人禁止行为、特殊行人通行规则、行人通过铁路道口规则以及乘车规则。就对行人主体安全的保护而言，两者目的一致。

（12）我国现行法律法规与《公约》在关于“临时停车和停车”规定是存在一致性。我国《道路交通安全法》和《道路交通安全法实施条例》分别对“停车”和“临时停车”作出了规定。《公约》对于“停车以及临时停车”的规定更为细致，如对两轮自行车、两轮轻便摩托车和不带挎斗的两轮摩托车作出单独规定；禁止在特定地点停车；对驾驶人离开车辆后的安全停车义务和防止车辆被他人擅用等作出规定。可见，无论是对停车位置的规定还是对停车地点的禁止性规定，都是从保障车辆安全与其他道路交通参与者安全的角度展开的，即“停车安全性”是两者的共通点。

（13）我国现行法律法规与《公约》在关于高速公路管理规定上存在一致性。首先，在对高速公路的一般规定上，我国《道路交通安全法》第六十七条、《道路交通安全法实施条例》第七十八条至第八十五条分别详细列明了不可进入高速公路的交通参与者；除各国普遍规定的禁止停车、调头、倒车外，亦禁止驾驶人低速行驶、变道超车、非正常使用应急车道；规定了遇紧急情况应采取警示和救援措施；限制高速公路行驶时速、车距；阐明了如何合法进出高速公路和使用车灯；详细列明了视为高速公路的道路。其次，在对“专门路标之隧道”的有关规定上，两者均禁止驾驶人在隧道中掉头、倒车。最后，在对高速公路的特别规定上，如禁入高速公路车辆的规定及限速、高速公路的故障处理、禁止在高速公路上拦截车辆等，两者在立法目的一致。

(14)我国现行法律法规与《公约》在有关“自行车、摩托车和轻便摩托车驾驶人及摩托车的特别规则”规定上存在一致性。一是《公约》仅是作出原则性规定,允许缔约国根据本国情况自行作出规定,如是否禁止骑自行车人的双人或者多人并行;二是两者立法目的一致,作为道路交通参与者,自行车、摩托车和轻便摩托车驾驶人应当履行安全骑乘义务,既要保证自身的驾驶安全,也要尽可能降低对其他道路交通参与者的不利影响。

(15)我国现行法律法规与《公约》在有关“车辆装载”的原则性规定上存在一致性。我国《道路交通安全法》第四十八条对车辆载重作出规定:机动车载物应当符合核定的载质量,严禁超载;载物的长、宽、高不得违反装载要求,不得遗洒、飘散载运物。机动车运载超限的不可解体的物品,影响交通安全的,应当按照公安机关交通管理部门指定的时间、路线、速度行驶,悬挂明显标志。在公路上运载超限的不可解体的物品,应当依照公路法的规定执行。机动车载运爆炸物品、易燃易爆化学物品以及剧毒、放射性等危险物品,应当经公安机关批准后,按指定的时间、路线、速度行驶,悬挂警示标志并采取必要的安全措施。第四十九条对车辆载人数量作出规定:机动车载人不得超过核定的人数,客运机动车不得违反规定载货。第五十条规定禁止货运机动车载客:货运机动车需要附载作业人员的,应当设置保护作业人员的安全措施。第五十四条对机动车载物尺寸的规定细化了《公约》对“车辆装载”的要求。

(16)我国现行法律法规与《公约》在有关“发生事故时的行为”规定上存在一致性。《公约》对发生交通事故时的处理方法作出了原则性规定,我国《道路交通安全法》则对发生道路交通事故后驾驶人的行为作出详细规定,且规定内容比《公约》的内容更为详细,与《公约》内容不存在冲突。我国国内立法更为详细,是由于《公约》并不是专门针对交通事故而制定的条款,因此,涉及道路交通安全管理的问题《公约》应当尽可能全面的涉猎，但是并非每项条款都作出非常详细的规定。《公约》中对于发生交通事故时的处理方法也是简单地作出的原则性规定，分情况的对不同事故进行处理。这与我国规定相一致。每个缔约国在其国内发生交通事故时都有各自的要求，但是针对紧急处置的措施多为以下三点：立即停车、保护现场与抢救伤员。这同时也可以根据是否造成人身伤亡来进行判断。我国《道路交通安全法》中第五章交通事故处理一章中。两者在交通事故的现场处理、交通事故逃逸、事故处置措施等方面存在一致性。

(17)我国现行法律法规与《公约》在有关车辆灯光使用规则上存在一致性。我国国内法与《公约》均对灯光使用规则都作了较为详细的规定，二者除对环境光线情况的描述不同外，均规定在光线不足视线不佳及特殊天气情况下必须使用前后车灯，以达到照明及凸显车辆位置、行驶状态等的目的，但《公约》表述更为具体。

(18)我国现行法律法规与《公约》在特种车辆的优先通行权规定上存在一致性。两者均对特种车辆的优先通行权作出规定，并且同时要求此类特种车辆应当在确保安全的情况下享有优先通行权。我国《道路交通安全法》第五十三条规定：警车、消防车、救护车、工程救险车执行紧急任务时，可以使用警报器、标志灯具；在确保安全的前提下，不受行驶路线、行驶方向、行驶速度和信号灯的限制，其他车辆和行人应当让行。警车、消防车、救护车、工程救险车非执行紧急任务时，不得使用警报器、标志灯具，不享有前款规定的道路优先通行权。

(三)准许汽车和挂车进入国际交通的条件共性

我国现行法律规定与《公约》在有关"准许汽车和挂车进入国际交通的条件"方面存在如下共性：一是要求进入国际交通的车

辆必须进行车辆的登记并由国家的专门机构进行机动车号牌的管理,二是要求缔约国国内法对入境车辆的安全技术检验提出相应标准,并落实相应的检查。这是两者在便利国际交通通行的基础上,考虑到缔约国的管理和交通安全作出的选择。

在规定入境车辆的登记和号牌管理制度方面,《公约》附件二、附件三、附件四对国际交通汽车和挂车的登记号码、识别标志和识别标记作出了规定。我国《临时入境机动车和驾驶人管理规定》第三条对上述内容作出了细化规定,要求外国机动车临时入境行驶,应当向入境地或者始发地所在的直辖市或者设区的市公安机关交通管理部门申领临时入境机动车号牌和行驶证。从管理道路交通安全的角度而言,对入境车辆进行登记和号牌管理是非常必要的。

在要求对入境车辆的安全技术检验方面,我国《临时入境机动车和驾驶人管理规定》第四条第 4 款规定:申请临时入境机动车号牌、行驶证的,应当用中文填写《临时入境机动车号牌、行驶证申请表》,交验机动车,并提交机动车安全技术检验合格证明,属于境外主管部门核发的,还应当出具中文翻译文本。《公约》在第三十九条提出了车辆的技术要求和车检要求,要求凡是进入国际交通的汽车、挂车和车辆组合都必须符合《公约》附件五的规定,处于良好的工作状态;要求缔约国应当对进入本国的车辆进行检查,并且特别针对载客和载货车辆作出专门规定。

(四)汽车驾驶人规则的共性

我国《道路交通安全法》及其实施条例以及《机动车驾驶证申领和使用规定》对机动车驾驶人的管理内容作出了规定。2015 年 11 月,根据《国务院办公厅转发公安部交通运输部〈关于推进机动车驾驶人培训考试制度改革的意见〉》的要求,公安部负责制定完善配套制度,新修订的《机动车驾驶证申领和使用规定》于

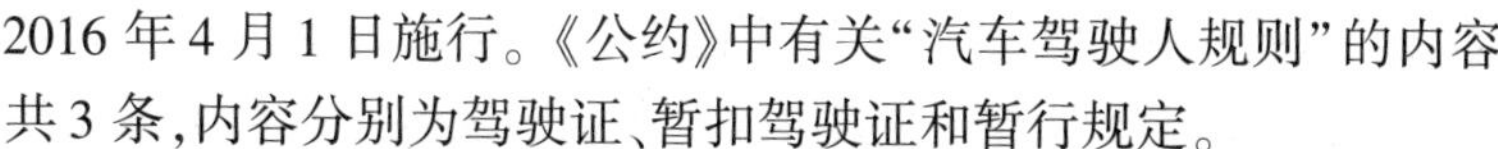

2016年4月1日施行。《公约》中有关"汽车驾驶人规则"的内容共3条,内容分别为驾驶证、暂扣驾驶证和暂行规定。

我国现行法律规定与《公约》在汽车驾驶人规则上存在一致性。具体表现如下。

第一,我国现行法律法规与《公约》均规定机动车驾驶人应当依法取得机动车驾驶证。我国《道路交通安全法》第十九条、《道路交通安全法实施条例》第十九条与《机动车驾驶证申领和使用规定》第八条和《公约》第四十一条第1款均要求驾驶人驾驶机动车须持有驾驶证。驾驶证制度是机动车辆管理的根本制度之一,在加强驾驶员管理,保证交通安全方面具有十分重要的作用。驾驶机动车需要一定的驾驶技能,缺少这种技能的如果随意驾驶机动车,就有可能发生交通事故,一般人无证不能上路行驶。但对于已具备安全驾驶技术的人他们在道路上驾驶车辆,这种允许的证件就是"驾驶证"。这说明驾驶证是一种"许可证明"。驾驶车辆的许可是通过驾驶证的核发来实现的。这表明了获取驾驶证是一种具有一定格式的行为,必须有专门机关来核发。联合国经济及社会理事会的《关于劝告汽车司机批准方式的最低统一规则》对驾驶证的定义为:为了驾驶汽车,主管当局发给的许可驾驶车辆的证明文件。我国对驾驶证的定义为:依法允许学习驾驶机动车的人员,经过学习,掌握了交通法规知识和驾驶技术后,经管理部门考试合格,核发许可驾驶某类机动车的法律凭证。

第二,我国现行法律法规与《公约》均规定只有在经授权主管机关核实驾驶人确实具备必要的知识和技能后,方为其发放机动车驾驶证,并且规定对于驾驶理论和实际操作考试的内容和程序应当由国家以法律的形式作出规定。我国《道路交通安全法》第十九条和《机动车驾驶证申领和使用规定》第三章与《公约》第四十一条第1款均要求驾驶人应当掌握必备的驾驶技能,而驾驶技能是描述驾驶员对车辆操作,使之按照驾驶员意图工作的技术和

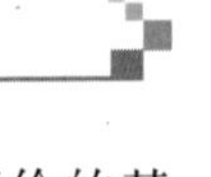

方法。对驾驶技能评价指标体系进行研究是实现驾驶评价的基础,同时也是提高驾驶训练效率的重要影响因素。机动车驾驶知识涵盖的方面就更为广泛。《机动车驾驶证申领和使用规定》第三章中机动车驾驶人考试人内容可以较为准确地说明新手驾驶人应当具备何种驾驶知识和驾驶技能。

第三,我国现行法律法规与《公约》均要求以法定形式取得机动车驾驶证。我国《机动车驾驶证申领和使用规定》第二章有关机动车驾驶证申请的规定、第三章机动车驾驶人考试中考试内容和合格标准的有关规定与《公约》第四十一条第1款均有相关要求。《公约》要求国内法必须规定获得驾驶证的要求。对此,我国《机动车驾驶证申领和使用规定》已经从机动车驾驶证的申请、机动车驾驶人考试、发证换证补证、机动车驾驶人管理以及法律责任等几个方面作出获取机动车驾驶证的法定形式要求。同时,《公约》并未明确规定出缔约国发放驾驶证的法定流程,而是允许缔约国根据本国交通管理的现状及驾驶人管理的现状制定相关法定形。

第四,我国现行法律法规与《公约》均要求对驾驶证有效期作出规定。《公约》第四十一条允许缔约国限定国内驾驶证的有效期。我国《道路交通安全法实施条例》第二十六条规定:机动车驾驶人在机动车驾驶证的6年有效期内,每个记分周期均未达到12分的,换发10年有效期的机动车驾驶证;在机动车驾驶证的10年有效期内,每个记分周期均未达到12分的,换发长期有效的机动车驾驶证。

第五,我国现行法律法规与《公约》均规定了主管机关有权暂扣或吊销机动车驾驶证。暂扣或吊销机动车驾驶证是公安机关交通管理部门及交通警察对严重违反道路交通安全法的行为人依法剥夺其驾驶资格的行政处罚。《公约》第四十二条第1款规定了缔约国吊销和暂扣驾驶证的权利。我国《道路交通安全法》

没有对吊销机动车驾驶证的具体含义及法律适用作出详细规定，仅给出了道路交通安全违法行为的处罚种类，包括：警告、罚款、暂扣或者吊销机动车驾驶证、拘留。而且规定，除外国驻华使、领馆和国际组织驻华代表机构人员按规定免考换领我国机动车驾驶证要求外，外籍人士在中国境内驾驶机动车，必须持有我国公安交通管理部门颁发的有效机动车驾驶证。外籍人士如果持有国外驾照或国际驾驶证，需提交外国护照、在华居留证、国外驾照或国际驾驶证、体检合格表，通过科目一的考试后取得到中国驾驶证。对于没有驾驶证的外籍人士，需持在华居留证、护照和体检合格表，通过全部科目的考试，取得中国驾驶证。因此可知，我国交通管理部门暂扣和吊销的驾驶证仅为我国国内驾驶证，不包含外籍人员的国外驾驶证或国际驾驶证。

第2节 《公约》与我国道路交通安全法的差异性规定

我国现行法律法规与《公约》在内容上的差异性是我国加入《公约》的阻力，也是挑战。这就要求我们，一方面要借鉴《公约》的内容与时俱进，另一方面要分析本国国情，进行调整，将两者之间的差异性转化为提升我国道路交通安全水平的重要机遇。

一、总则差异性

在总则部分，我国现行法律法规与《公约》在概念上的差异性主要表现在：部分概念缺失，部分概念界定差异与部分概念界定归属之间的差异。

首先，部分概念缺失，即我国法律中对于某些概念并未作出规定，如“国际交通车辆”“建筑密集区”“车行道边缘”“轻型挂车”“车辆组合”“驾驭人”等。这些概念的缺失，可能导致我国与

《公约》在概念的逐词对应上存在困难，但是考虑到《公约》的保留和本国道路交通管理情况，即使加入《公约》，也无须实现全部概念的一一对应。其次，部分概念界定差异，即我国法律中对于某些概念的界定与《公约》存在差异，如“高速公路”。在我国，高速公路是指可供汽车高速行驶、具有分隔带、多车道、出入口受控制、立体交叉的专用公路。而《公约》中高速公路是指专门为机动车交通设计和建筑的道路，不为沿路房舍或场地使用。对于此类能够实现概念名词对应，但是无法实现概念具体内容对应的情况，我国应当根据本国的情况进行调整，必要时作出相应的保留。最后，部分概念界定归属之间的差异，即从我国立法角度分析，不会引入法律进行具体规定的部分概念，如“最大允许质量”“整备质量”“装载质量”“行车方向”和“顺行方向”等。

通过分析可知，我国法律法规在同《公约》实现全部概念的对应方面存在困难，这就要求我国在加入《公约》时，应当对总则的概念进行详细对比，必要时对于可能影响我国道路交通安全管理的方面作出相应保留。

二、道路规则差异性

从整体上分析，我国现行法律法规与《公约》在道路交通规则之间并无冲突，仅是在个别概念上存在一些差异，主要体现在：标志及信号的适用规定不一致、部分道路规则概念不对应、对于特殊群体和弱势群体保护的范围存在差别、文明驾驶行为的规范存在差别、超车方向的表述差异、车速与车距有关规定的差异、有关平交道口管理的差异、涉及行人管理的差异、对部分规则和概念界定的差异、有关隧道管理规定的差异、对特殊“道路使用人”管理规定的差异、对“声响与灯光警告”规定的差异、对车辆装载规定的差异性以及对于灯光使用规则的差异性。

(1)我国现行法律法规与《公约》在有关标志及信号的适用

规定上不一致。我国《道路交通安全法》第三十八条规定,车辆、行人应当按照交通信号通行;遇有交通警察现场指挥时,应当按照交通警察的指挥通行;在没有交通信号的道路上,应当在确保安全、畅通的原则下通行。《公约》第五条规定,道路使用人须遵守路标,交通信号和道路标线的指示,即使这些指示看似与其他交通规则相抵触。交通信号灯所传达的指示,优先于道路标志所传达的指示。由此可见,《公约》对于标志和信号的规定更为直接,并对标志信号之间存在冲突的适用问题作了明确规定。

(2)我国现行法律法规与《公约》在部分道路规则概念上不一致。两者间的不一致主要体现在现有概念的缺失与既有概念的差异上。现有概念的缺失主要是指部分《公约》中存在的概念在我国法律法规中没有体现,如"道路使用人""附加车道""对于动物交通的管理""定班公交与车行道安全岛""轨道车辆"等。具体地,《公约》对"道路使用人作广义理解,不仅包括驾驶人,而且包括参与道路交通行为的道路使用人,如行人、路面施工作业人员以及其他道路使用人。我国《道路交通安全法》对"道路使用人"作狭义理解,仅指驾驶人、行人。《公约》中对成群牲畜的管理作出规定并且以建议的方式,要求缔约国作出相应管理,但是我国现行法律法规中并没有相关规定,即使在实际中出现过农民在高速公路中驱赶成群家禽的案例,交警对农民的行为予以批评教育,并责令其立即驱赶家禽离开高速公路。我国并未规定"车行道安全岛"的概念,仅在《城市道路交通规划设计规范》中有"行人安全岛"的概念:即当人行横道长度大于16米时,应在分隔带或道路中心线附近的人行横道处设置行人二次过街安全岛,安全岛宽度不应小于2.0米,困难情况下不应小于1.5米。"行人安全岛"的作用是在提高行人过街安全性的同时,提高人行横道的通过能力,是缓解行人过街困难的一种有效措施。我国并未规定"轨道车辆"有关概念,仅在《机动车类型术语和定义》中规定了

“有轨电车”的概念,即以电动机驱动,有轨道承载的机动车,对于其他有轨车辆我国法律法规和标准未作出认定。既有概念的差异性,如《公约》在车行道位置的规定中多次用到了“顺行”一词,而我国在表述中没有该概念,多是采用行驶方向,前进方向。同时我国并没有《公约》中的如下规定:在有四条或者更多车道的双向车行道上,驾驶人不得在完全位于车行道逆行方向半边的车道上行驶。在有三条车道的双向车行道上,驾驶人不得在逆行方向车行道边缘的车道上行驶。

(3)我国现行法律法规与《公约》在对特殊群体和弱势群体保护的范围上存在差别。在我国,行人和骑车人相对于机动车驾驶人而言是弱势群体。我国《道路交通安全法》规定,特殊人群包括学龄前儿童、不能辨认或者不能控制自己行为的精神疾病患者、智力障碍者和盲人。《公约》规定,最易受到伤害的道路使用人包括行人、骑车人,并特别强调了儿童、老年人和残疾人。两者对保护群体的保护理念是一致的,但是具体范围存在区别,各有优劣,可相互借鉴。

(4)我国现行法律法规与《公约》在对文明驾驶行为的规定上存在差别。我国一直着力提升驾驶人的文明素质,但《公约》对于驾驶人文明驾驶行为提出了更高的要求,如驾驶人应当注意他们的车辆不会对其他道路使用人或者路边沿线房舍的用户造成不便,在可以避免的情况下,不造成噪声、扬尘或者烟雾。在文明驾驶行为方面,我国应重点关注交通对周边环境产生的影响,并且借鉴《公约》的部分要求,提升驾驶人素质。

(5)我国现行法律法规与《公约》在对超车方向的表述上存在差别,主要体现在超车方向上。我国《道路交通安全法实施条例》第四十七条规定,后车应当在确认有充足的安全距离后,才能从前车的左侧超越,在与被超车辆拉开必要的安全距离后,开启右转向灯,驶回原车道。《公约》第十一条规定,驾驶人超车应当

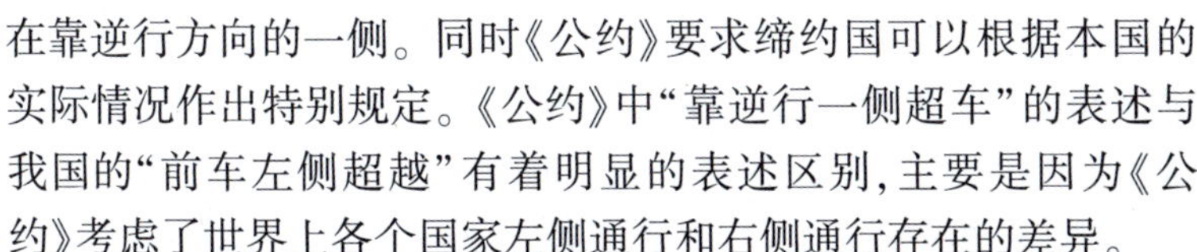

在靠逆行方向的一侧。同时《公约》要求缔约国可以根据本国的实际情况作出特别规定。《公约》中“靠逆行一侧超车”的表述与我国的“前车左侧超越”有着明显的表述区别，主要是因为《公约》考虑了世界上各个国家左侧通行和右侧通行存在的差异。

(6)我国现行法律法规与《公约》在车速与车距的有关规定上存在差异，主要体现在驾驶人注意义务、针对特定车辆和新手驾驶人的管理、对低速驾驶的要求等方面。第一，在驾驶人注意义务方面。虽然两者均要求驾驶人在驾驶机动车时应当对周边环境进行观察掌握，并时时注意身边的交通情况，但是《公约》规定得更加详细，明确指出“驾驶人在调整车速时，应始终注意各方面的情况，特别是地势、路泥、本车车况及车载、天气情况，以及交通密度等”。第二，针对危险车辆和新手驾驶人的车速和车距的管理方面。我国并未明确规定应当对某一质量以上的车辆或车辆组合限制车辆间距离，也并未对某些类别驾驶人，特别是新手驾驶人作出限制驾驶速度的规定。但是《公约》第十三条第 2 款明确规定，缔约国国内法应当对有特殊危险的某类别的车辆，由于其车重或者负载等原因，规定特别限速，国内法还可以对某些类别的驾驶人作出类似规定，特别是新手驾驶人。第三，在低速驾驶的管理方面。我国并未对低速行驶作出明确规定，但是《公约》却明确写明：若无正当理由，任何驾驶人的行车速度不应过度缓慢，以至妨碍其他车辆的正常行驶。

(7)我国现行法律法规与《公约》在有关平交道口的管理上存在差异，主要体现在用词的表述条文结构上。在用词表述上，我国主要使用“铁路道口”，而《公约》使用“平交道口”。在条文结构上，我国除《道路交通安全法》第四十六条以及《道路交通安全法实施条例》第六十五条第 1 款之外，在关于倒车、掉头、禁止停车等条文中将铁路道路作为特殊路段进行特别规定。《公约》则对平交道口的通行规则进行集中统一的规定。

(8)我国现行法律法规与《公约》在涉及行人管理上存在差异。我国仅以法律的形式规定了驾驶人对乘车人的注意义务,《公约》则针对驾驶人对行人的行为单独作出了规定。另外,《公约》第二十条第1款规定,除车行道上行人交通有危险或妨碍车辆交通的情况外,缔约国或其行政分区可以自行决定不执行本条之规定。即赋予缔约国制定行人规则的绝对权利。

(9)我国现行法律法规与《公约》在对部分规则和概念的界定上有所区别。我国未将对驾驶动作的一般规定、对驾驶人改变方向以及减速慢行等有关具体操作行为的规定列为法律条文,而是要求通过驾驶培训学习并规定在驾驶操作规范之中。另外,关于具体的驾驶动作"开门",我国《道路交通安全法实施条例》第六十三条第4款规定,车辆停稳前不得开门和上下人员,开关车门不得妨碍其他车辆和行人通行。《公约》将驾驶动作中"开门"这一动作作为单独条款进行规制,并强调公共安全。相比之下,我国的相关法规"推己及人",先要求"车辆停稳"以确保驾驶人和乘车人自身的安全,再进一步要求开关车门不得妨碍路上的其他车辆和行人,这更符合常人的思维习惯,法律逻辑性和衔接性更强。

(10)我国现行法律法规与《公约》在有关隧道的管理规定上存在差异。主要体现在:一是从条文结构上来看,我国并没有针对隧道作出单独规定,而是在超车、停车、掉头的规定中将隧道作为特殊道路类型进行特别规定。二是在灯光使用规定上,《公约》规定行车进入隧道驾驶人必须打开远光灯或近光灯,但我国国内法并没有作出相关规定。三是在隧道内停车规定上,《公约》规定只有在紧急或危险情况下,驾驶人方可临时停车或停车,且必须尽可能使用专门指定的位置。我国《道路交通安全法实施条例》第六十三条规定,隧道以及距离隧道50米以内的路段,均不得停车,而没有将紧急或危险情况作为可以临时停车或停车的例外。

(11)我国现行法律法规与《公约》在对特殊“道路使用人”管理规定上存在差异,主要体现在关于行进队伍和残疾人适用规则方面。我国《道路交通安全法》第六十四条规定,对于儿童、精神病人、智力障碍者应由监护人带领上路通行,盲人出行应该使用相应工具和设施,并增加非交通管制情况下队列每行不超过两人的规定,以确保道路畅通。《公约》规定了行进队伍和残疾人适用的特别规则和道路上行进的队伍主要是学龄儿童和残疾人的特别规定,体现的是保护公共利益和对弱势群体的关怀。由此可见,我国更多地站在了维护公共交通的立场上,而在为弱势群体提供方便、对其避让的权利义务规定并不突出。

(12)我国现行法律法规与《公约》在对“声响与灯光警告”的规定上存在差异。我国国内法仅对特殊车辆的声音警报作出规定,而未将普通车辆使用喇叭作为警告行为;仅对灯光使用规则作出规定,而未对灯光警告作出相关规定。《公约》则规定了声响警告和灯光警告。

(13)我国现行法律法规与《公约》在对车辆装载规定上存在差异。主要体现在载物和载人两个方面。对于车辆载物:一是《公约》规定为非强制性规定,以“操作规范”的风格告知驾驶人应当如何驾驶载货机动车。二是我国《道路交通安全法》第五十条明确禁止货运机动车载客,《公约》未明确禁止载货机动车载客。三是《公约》对于载货机动车载货规定的内容侧重货物的安全摆放,未对货物大小、规格作出规定。四是《公约》单独对“夜间载货”作出规定。对于夜间载货着重强调载货车辆的可视性,要求驾驶人在车辆的前后和两侧,以及驾驶人可能无法看清的部位贴出标识,并且车头以白色灯光和白色反光装置、车尾使用红色和红色反光装置作出标识。对于车辆载人:《公约》规定了载客的乘坐和人数不得妨碍驾驶人或影响驾驶人的视线,而未明确规定具体的人数和乘坐要求。我国关于车辆载人的规定更具体严格,

其一,在法律层面规定机动车载人的一般要求和超员的法律责任,即机动车载人不得超过核定的人数,并且禁止货运机动车载客,处罚形式根据超员人数或比例的不同处以不同程度的罚款,严重超员的将追究刑事责任。其二,通过法规制定超载的标准。其三,对公路客运车辆、校车规定得更为严格。

(14)我国现行法律法规与《公约》在对灯光使用规则的规定上存在不同。主要表现在:第一,《公约》未提及转向灯的应用,我国则对相关应用作了细致具体的规定。如机动车超车时,应当提前开启左转向灯、变换使用远、近光灯或者鸣喇叭。机动车向左转弯、向左变更车道、准备超车、驶离停车地点或者掉头时,应当提前开启左转向灯。机动车向右转弯、向右变更车道、超车完毕驶回原车道、靠路边停车时,应当提前开启右转向灯。第二,我国对高速公路上行驶的机动车的灯光使用规定作了单独的规定。机动车从匝道驶入高速公路时,应当开启左转向灯,在不妨碍已在高速公路内的机动车正常行驶的情况下驶入车道。第三,《公约》中危险警报信号只能用于因车辆抛锚或发生事故,不能立即离开,因而对其他道路使用人构成障碍或向其他道路使用人示意某一临近的危险的情况。而我国仅规定了发生故障或者交通事故的使用情况,以及雾天行驶应当开启雾灯和危险报警闪光灯的情况。第四,《公约》规定了倒车灯、特别警报灯的使用,我国法律法规中无相关规定。第五,《公约》对车辆停车的灯光使用有详细的使用规定,我国仅规定在“靠路边停车时,应当提前开启右转向灯”。第六,《公约》提及缔约国国内法可规定,汽车驾驶人在白天必须使用近光灯或日间行车灯,而我国并未予以明确规定。第七,《公约》规定了三种不得使用远光灯的情形:第一种情况是,在道路照明充足的建筑密集区,和在非建筑密集区车行道始终有照明的情况下,且照明良好,足以使驾驶人看清较远的距离,也足以使其他道路使用人在较远处看到车辆。第二种情况是,在驾驶人

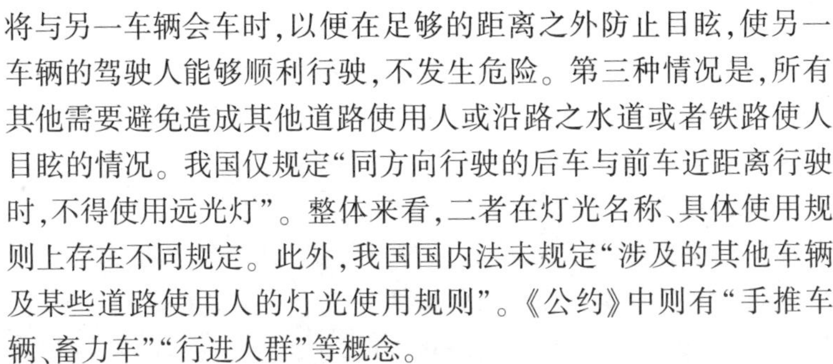

将与另一车辆会车时，以便在足够的距离之外防止目眩，使另一车辆的驾驶人能够顺利行驶，不发生危险。第三种情况是，所有其他需要避免造成其他道路使用人或沿路之水道或者铁路使人目眩的情况。我国仅规定“同方向行驶的后车与前车近距离行驶时，不得使用远光灯”。整体来看，二者在灯光名称、具体使用规则上存在不同规定。此外，我国国内法未规定“涉及的其他车辆及某些道路使用人的灯光使用规则”。《公约》中则有“手推车辆、畜力车”“行进人群”等概念。

三、准许汽车和挂车进入国际交通的条件差异性

我国现行法律法规与《公约》在准许汽车和挂车进入国际交通的条件方面存在以下五个方面的差异：一是我国仅在《临时入境机动车和驾驶人管理规定》中规定适用于“临时进入中华人民共和国境内不超过 3 个月的机动车和机动车驾驶人”，而并未对入境车辆的类型和条件作出规定。《公约》规定的是汽车，以及轻型挂车以外的连接于汽车的挂车，并在附件一和附件五中规定了具体的车辆技术要求。二是我国《临时入境机动车和驾驶人管理规定》对入境机动车的管理规定更详细全面，具体包括行驶证申领条件、程序、行驶区域、路线、法律责任等事项。三是我国对符合条件的境外机动车仅许可了有期限的入境通行权。四是我国对临时入境机动车允许行驶的区域和路线作出限制，并在临时入境机动车号牌上记载。五是我国仅对入境机动车的号牌和行驶证作出规定，并没有对登记国的识别标志、辨识标记作出规定。

四、汽车驾驶人规则差异性

我国现行法律法规与《公约》在汽车驾驶人规则方面的差异性主要体现在国际驾驶证与驾驶人管理的部分规定上。由于未加入《公约》，我国现阶段不承认国际驾驶证的有效性。

1. 国际驾驶证

为了方便驾车人在其他签约国开车旅行,1968 年维也纳《公约》规定,各缔约方允许持有其他国家签发的驾照的驾车人在其境内驾车。为了解决语言障碍,还允许由各缔约方政府授权其交通管理部门,按照《公约》规定的式样,向出国的本国驾驶证持有人签发一种证明文件,来向其他国家的交通管理机构证明,该驾驶人拥有该国颁发的合法驾驶执照。这个证明文件在《公约》中被称作 International Driving Permit,简称 IDP,中文翻译为"国际驾驶证"。

国际驾驶证的发放机构必须经授权取得发放资格。虽然联合国在《公约》中提出了国际驾驶证的式样,但其本身并没有权力签发国际驾驶证,更无从谈起授权给某个"国际组织"。目前,部分国家有权发放国际驾驶证的机构有:美国的美国汽车协会(American Automobile Association) 和美国国家汽车俱乐部(National Automobile Club),加拿大的 CAA,英国的 The Automobile Association 和 The loyal Automobile Club,澳大利亚的 NRMA(New South Wales),RACV(Victoria),RACT(Tasmania),RAASA,RACWA,AANT 和 RACQ(Queensland),新西兰的 AA。但是以上机构通常只发给持有本国护照的本国公民。

然而,从本质上来看,国际驾驶证不是一个正式驾驶证,而是由驾驶人所在国家的官方机构或经其授权的其他机构,根据《公约》中规定的标准式样,用英、法、俄、中、阿拉伯、日等多种语言,为驾驶员出具的证明该驾驶员持有该国有效驾照的一份证明,其主要用途是帮助其他国家的警察读懂驾驶员的姓名、地址、准驾车型等必要信息。国际驾驶证可作为在国外驾车、租车时驾驶能力的证明和翻译文件,其基础是国内驾驶证,故在领取时无须重新考试。国际驾驶证不可以单独使用,而必须和国内驾驶证同时使用。

由于我国未加入《公约》,所以国际驾驶证无法在我国内地使用。根据公安部《机动车驾驶证申领和使用规定》的规定,持境外机动车驾驶证的人申请机动车驾驶证,应当填写《机动车驾驶证申请表》,并提交申请人的身份证明、县级以上医疗机构出具的有关身体条件的证明、所持机动车驾驶证。属于非中文表述的,还应当出具中文翻译文本。具体的办理流程应当参照《机动车驾驶证申领和使用规定》及《临时入境机动车和驾驶人管理规定》。

2. 驾驶人管理

我国法律法规与《公约》在驾驶人管理上的差异主要体现在:第一,概念表述差异。我国《机动车驾驶证申领和使用规定》中使用的概念是"机动车驾驶人",而《公约》中使用的概念为 driver,即汽车驾驶人,不过两者在适用过程中并不存在差异。第二,国内驾驶证样式差异。《公约》附件六对国内驾驶证样式作出具体规定。我国国内驾驶证与《公约》要求的国内驾驶证的区别主要有以下几点:一是驾驶人信息排列顺序。《公约》对国内驾驶证信息提出编号顺序要求,而我国并无此类要求。二是驾驶人信息内容。《公约》规定了记载签发日期,而我国记载的是初次领证日期。第三,我国法律未规定对应的学员驾驶证概念。第四,由于我国大陆地区未加入《公约》,因此尚也不承认国际驾驶证的效力。

第6章 《公约》的具体适用

第1节 缔约国国内法与《公约》的衔接

通过对比《国际道路交通公约》(以下简称《公约》)与我国法律法规在内容上的异同可知,欲实现两者的对接,应从以下三方面开展工作:一是我国可依据《公约》对缔约国作出单独规定的授权,作出详细规定。二是我国可借鉴《公约》的内容,完善国内法律法规。三是我国应就国内法与《公约》存在的冲突,作出调整或作出保留。

一、《公约》授权缔约国单独作出具体规定

《公约》在各章节中均作出相关的建议性规定,在一定程度上体现了极大的自主性,不要求缔约国强制履行或者修改国内法律。如果我国加入《公约》,国内法律法规相对《公约》各章节,可以作出如下规定。

(一)缔约国对总则单独作出规定

根据《公约》的授权,我国法律法规相对《公约》总则部分有权单独作出如下具体规定。第一,对“停车”与“临时停车”作出单独具体规定。第二,增设更为严格的管理汽车与挂车进入国际交通的措施。根据我国的国家安全形势与反恐要求,可以采取合理限定行驶区域的方式,并根据对方国家的实际需求,逐步加大

边防管理部门对入境车辆数量的限额,建议加强车辆离境信息核查。进一步完善《出境入境管理法》,对出境车辆,核查其交通违法行为及道路交通事故处理情况,否则不予出境。第三,开展系统连续的道路交通安全教育,特别是注重在各级学校进行教育学习。第四,对入境的国际交通汽车、挂车、轻便摩托车和自行车设立具体规定,并且按照国内法对进入我国的商用客货车辆进行管理,要求进入我国的国际车辆按照我国的法律要求购买第三方责任险,也可以按照海关的具体要求对国际交通车辆进行管理,但设立的上述管理内容均为非道路交通事项的规定。因为《公约》不允许通过设置限制道路交通事项的规定来阻碍便利国际交通的实现。

(二)缔约国对道路规则单独作出规定

根据《公约》的授权,我国法律法规相对《公约》道路规则部分有权单独作出如下具体规定。

第一,《公约》第六条赋予缔约国对指挥交通的勤务人员发出指示,根据本国具体情况作出规定的权利。对此,我国已经通过《交通警察道路执勤执法工作规范》作出具体规定。

第二,《公约》第九条赋予缔约国对于成群牲畜进入道路交通加以管理的权利。基于在实际中出现过农民在高速公路中驱赶成群家禽的案例,交警对农民的行为予以批评教育,并责令其立即驱赶家禽离开高速公路,我国可以在《道路交通安全法》的修订过程中,吸纳《公约》的建议,增加对成群牲畜通行的相关规定。

第三,《公约》第十三条赋予缔约国对特定类别驾驶人驾驶速度作出限定的权利,特别针对新手驾驶人。近年来,我国驾驶人增加速度加快,新手驾驶人增多,可以考虑针对危险车辆和新手驾驶人的车速和车距作出特殊规定。

第四,《公约》第十五条赋予缔约国对“定班公共交通车辆”

作出单独规定的权利，我国可以考虑借鉴《公约》的要求，统一规范对长途营运客车以及公共交通车辆的管理。

第五，《公约》第十八条赋予缔约国对“小路”和“泥土路”作出规定的权利，我国可根据国内法来确定特殊道路上车辆让行与路权的归属。

第六，《公约》第二十条第1款规定，除车行道上行人交通有危险或妨碍车辆交通的情况外，缔约国或其行政分区可自行决定不执行本条之规定。据此，我国可以借鉴《公约》中行人规则中的内容，完善国内对行人通行的管理，减少行人与机动车之间的事故。此外，《公约》第二十条第7款赋予缔约国制定比《公约》更为严格的行人穿越车行道的有关规定。因此，我国可借鉴《公约》或他国规定，结合国内行人通行陋习和危害后果，制定更严格的规定。

第七，根据《公约》第二十三条第1款b项规定，对临时停车和停车作出单独规定。

第八，《公约》第二十七条允许缔约国对自行车并行和轻便摩托车载人单独作出规定。我国可以结合本国情况，细化自行车和轻便摩托车的通行管理规定。

第九，《公约》第三十一条规定，缔约国或其行政分区在未造成严重伤害和有关人等并未要求报警的情况下，可以根据国内法不强制执行“如事故造成伤亡，即行报警并留守或返回事故现场，等候警察到场，除非得到警察准许离开，或必须照顾伤员，或本人必须接受救护，否则不得离开。”我国《道路交通安全法》及其实施条例中均明确规定了交通事故的处理方式

第十，《公约》第三十四条第2款允许缔约国国内法对特种车辆的优先通行权作出规定。对此，我国《道路交通安全法》第五十三条和《道路交通安全法实施条例》第六十六条已经作出特别规定，将执行紧急任务时的警车、消防车辆、救护车，工程救险车辆

作为特种车辆,享有优先通行权。第三十四条第3款允许缔约国国内法对道路修筑或养护工人,包括该项工作所用设备的驾驶人,在采取必要提防措施的前提下,根据本国情况作出规定。对此,我国《道路交通安全法》第五十四条及《中华人民共和国公路法》第三十二条和三十九条都分别作出规定。《公约》第三十四条第4款规定,当为超过或通过道路上工作的道路修筑或养护工人(含该工作设备驾驶人),其他车辆的驾驶人在必要范围内,并且在充分小心注意的条件下,可以不受《公约》超车连贯行驶和会车的有关规定。

(三)缔约国对准许汽车和挂车进入国际交通的条件单独作出规定

根据《公约》的授权,我国法律法规相对《公约》准许汽车和挂车进入国际交通的条件部分有权单独作出如下具体规定。

第一,《公约》第三十五条第4款建议缔约国设立专门机构,负责在国家或地区以及保存所有投入使用的汽车的记录,以及每一车辆登记证书所有具体细节的记录。对此,我国《道路交通安全法》规定了公安机关交通管理部门承担道路交通安全管理工作的职能,并且由车辆管理所使用计算机登记系统办理机动车登记,建立数据库。

第二,《公约》第三十九条第2款规定,缔约国国内法应要求车辆定期作技术检查。对此,我国《道路交通安全法》第十三条规定,根据车辆用途、载客载货数量、使用年限等不同情况,定期进行安全技术检验,对符合机动车国家安全技术标准的,公安机关交通管理部门应当发给检验合格标志,《道路交通安全法实施条例》第十六条对不同车型分别规定了安全技术检验的周期。

第三,《公约》第三十五条规定,对进入国际交通的汽车以及轻型挂车以外的连接于汽车的挂车,应在一个缔约国或其行政分

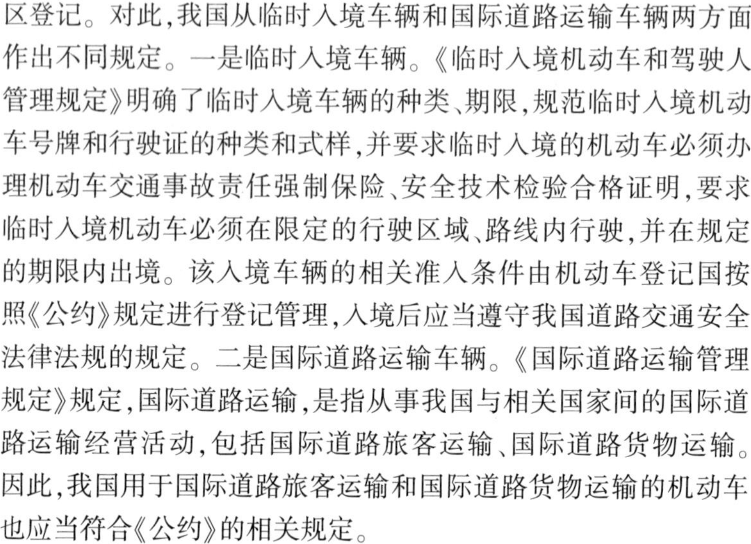

区登记。对此,我国从临时入境车辆和国际道路运输车辆两方面作出不同规定。一是临时入境车辆。《临时入境机动车和驾驶人管理规定》明确了临时入境车辆的种类、期限,规范临时入境机动车号牌和行驶证的种类和式样,并要求临时入境的机动车必须办理机动车交通事故责任强制保险、安全技术检验合格证明,要求临时入境机动车必须在限定的行驶区域、路线内行驶,并在规定的期限内出境。该入境车辆的相关准入条件由机动车登记国按照《公约》规定进行登记管理,入境后应当遵守我国道路交通安全法律法规的规定。二是国际道路运输车辆。《国际道路运输管理规定》规定,国际道路运输,是指从事我国与相关国家间的国际道路运输经营活动,包括国际道路旅客运输、国际道路货物运输。因此,我国用于国际道路旅客运输和国际道路货物运输的机动车也应当符合《公约》的相关规定。

(四)缔约国对汽车驾驶人规则单独作出规定

根据《公约》的授权,我国法律法规相对《公约》汽车驾驶人规则部分有权单独作出如下具体内容。

第一,《公约》第四十一条第 3 款允许缔约国自行规定国内驾驶证的有效期,我国《道路交通安全法实施条例》第二十六条明确规定了我国驾驶证的有效期。

第二,《公约》第四十一条第 4 款(b)项要求,缔约国可以拒绝承认不满 18 岁的人员持有驾驶证的有效性。根据我国《机动车驾驶证申领和使用规定》第十二条规定,我国有权拒绝承认不满 18 周岁的人员所持国外驾驶证的有效性。

第三,《公约》第四十一条第 4 款(c)项要求,缔约国可以拒绝承认未满 21 岁人员所持有驾驶证在其境内驾驶本《公约》附件六和附件七所指 C、D、CE 和 DE 类汽车或车辆组合的有效性。

第四,《公约》第四十一条第 5 款要求国际驾驶证的具体适用规则应当满足《公约》此款的要求。

第五,《公约》第四十一条第 6 款(a)项赋予缔约国在特定情况下不承认驾驶人持有的国内驾驶证的有效性。主要有两种情况:第一种是发证时该人的常住地在本国境内,但却取得他国驾驶证。即我国可以拒绝承认常住地在我国的人员取得另一缔约国的驾驶证。第二种是发证时该人的常住地不在本国境内,但发证后该人的常住地已迁入本国境内。即对于将常住地迁入我国的驾驶人,我国可以不承认其早先在国外取得的驾驶资格。此项条款是基于国际法的属地管辖,既然驾驶人将常住地迁入我国,则我国可以对其行使属地管辖权,因此可以要求其合法取得我国国内驾驶证。

第六,《公约》第四十一条第 6 款(b)项赋予缔约国在特定情况下不承认自己为以下驾驶人发放的国内驾驶证的有效性。该特定情况包括:发证时该驾驶人常住地不在发证国境内或发证后已将其常住地迁移至另一领土。即如果任一缔约国能够通过证据确定驾驶人在取得本国驾驶证时其常住地并非本国,则可以拒绝承认为其发放的驾驶证的有效性;如果任一缔约国驾驶人在取得驾驶证后,已将其常住地移居至另一领土,无论该国家是否属于《公约》的缔约国,则都可以拒绝承认其为其驾驶证的有效性。因为如果驾驶人驾驶机动车,应当按照最新常住地国内法律规定管理,包括再次取得新常住地的驾驶资格。

第七,《公约》第四十二条第 1 款允许缔约国交通安全管理部门暂扣和吊销驾驶人使用其国内驾驶证和国际驾驶证的权利;可以将吊销使用权一事通知发证机关或授权发证机关。根据我国《道路交通安全法实施条例》第一百零九条的规定,对道路交通安全违法行为人处以罚款或者暂扣驾驶证处罚的,由违法行为发生地的县级以上人民政府公安机关交通管理部门或者相当于同级的公安机关交通管理部门作出决定;对处以吊销机动车驾驶证处

罚的，由设区的市人民政府公安机关交通管理部门或者相当于同级的公安机关交通管理部门作出决定。公安机关交通管理部门对非本辖区机动车的道路交通安全违法行为没有当场处罚的，可以由机动车登记地的公安机关交通管理部门处罚。

第八，《公约》第四十三条要求，缔约国对国内驾驶证和国际驾驶证实现对接作出时间要求。

（五）缔约国对准许自行车和轻便摩托车进入国际交通的条件单独作出规定

《公约》第三十五条第4款建议缔约国设立专门机构，负责在国家或地区以及保存所有投入使用的汽车的记录，以及每一车辆登记证书所有具体细节的记录。对此，我国《道路交通安全法》规定了公安机关交通管理部门承担道路交通安全管理工作的职能，并且由车辆管理所使用计算机登记系统办理机动车登记，建立数据库。

二、缔约国国内法对《公约》的借鉴

《公约》经过了多次的修改与完善，可以说是集大成于各个国家的国内交通立法，在道路交通通行上有着指标性的意义，对于其他国家的国内交通立法有着非常重要的帮助。作为发展中国家，我国在建设完善适合中国特色的道路交通法律法规体系的同时，可以借鉴《公约》的相关内容，特别是一些能够体现出先进性的法律规定与管理规定。我国国内法可借鉴《公约》增加如下内容。

第一，我国应当按照《公约》附件要求，确定进入我国的国际交通汽车及挂车的入境义务、登记号码、国别标识和识别标志。

第二，我国应当借鉴《公约》对于“交通勤务人员的指示”的规定，加强交通勤务人员的可视性。在交通勤务人员指挥交通

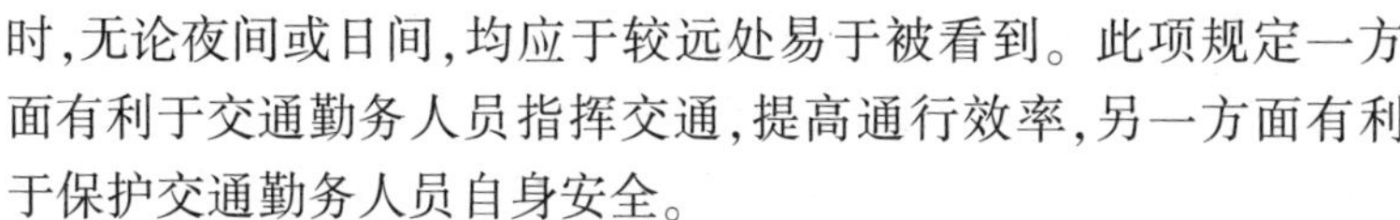

时,无论夜间或日间,均应于较远处易于被看到。此项规定一方面有利于交通勤务人员指挥交通,提高通行效率,另一方面有利于保护交通勤务人员自身安全。

第三,对比《公约》第七条第 4 款,我国并没有对驾驶车辆造成的环境影响作出注意性规定。结合实际情况,我国有必要借鉴《公约》相关规定,通过立法,控制由驾驶车辆造成的空气污染和噪声污染。

第四,对比《公约》第二十三条第 5 款,我国有必要要求驾驶人在离开其车辆之前,务必采取一切适当的地方措施,避免发生任何事故,如果是汽车,需防止被他人擅用。

第五,我国应当增加对应的辨识标志。《公约》第三十八条规定的辨识标志及附件四中规定的识别标志,在我国是由机动车登记证书记载的。建议机动车登记证书在现有的中文文本基础上,增加拉丁文印刷体或英文手写体作为附件,以符合《公约》要求。

第六,我国应当明确准许进入国际交通的车辆类型。《公约》第三章规定的准许进入国际交通的车辆种类有汽车,以及轻型挂车以外的连接于汽车的挂车,具体包括《公约》附件六和附件七定义的 A 类或 B 类汽车及可能情况下的其他汽车。《公约》仅规定了车辆用途,并没有对车辆类型作出具体规定。基于此,建议我国对准许进入国际交通的车辆类型作进一步明确。

第七,根据《公约》第四十一条第 2 款的要求,我国如果加入《公约》,必须通过国内法的形式认证符合《公约》附件六规定的各国国内驾驶证和《公约》附件七规定的国际驾驶证的法律地位。

第八,我国如果加入《公约》,需要承认国际驾驶证的有效性,承认其对应车型的准驾资格,并且由专门机构进行国际驾驶证的发放和认证工作。驾驶人取得国际驾驶证的前提是已经合法持有缔约国的国内驾驶证,并且国内驾驶证的取得条件应当满足《公约》的最低要求,即第四十一条第 1 款(a)项的有关规定。

第九，我国应当和缔约国之间建立交通违法处罚传达机制，传递、沟通和交流需要在缔约国之间传达的信息和情况。

第十，《公约》第三十九条第 2 款规定，缔约国国内法应要求车辆定期作技术检查。对此，我国《道路交通安全法》第十三条规定，根据车辆用途、载客载货数量、使用年限等不同情况，定期进行安全技术检验，对符合机动车国家安全技术标准的，公安机关交通管理部门应当发给检验合格标志。《道路交通安全法实施条例》第十六条对不同车型分别规定了安全技术检验的周期。

第十一，《公约》第三十五条规定，对进入国际交通的汽车以及轻型挂车以外的连接于汽车的挂车，应在一个缔约国或其行政分区登记。对此，我国从临时入境车辆和国际道路运输车辆两方面作出不同规定。一是完善对临时入境车辆的管理。《临时入境机动车和驾驶人管理规定》明确了临时入境车辆的种类、期限，规范临时入境机动车号牌和行驶证的种类和式样，并要求临时入境的机动车必须办理机动车交通事故责任强制保险、安全技术检验合格证明，要求临时入境机动车必须在限定的行驶区域、路线内行驶，并在规定的期限内出境。该入境车辆的相关准入条件由机动车登记国按照《公约》规定进行登记管理，入境后应当遵守我国道路交通安全法律法规的规定。二是完善对国际道路运输车辆的管理。《国际道路运输管理规定》规定，国际道路运输是指从事我国与相关国家间的国际道路运输经营活动，包括国际道路旅客运输、国际道路货物运输。因此，我国用于国际道路旅客运输和国际道路货物运输的机动车也应当符合《公约》的相关规定，具体如下。

一是车辆类型。《公约》第三章规定的准许进入国际交通的车辆种类有汽车，以及轻型挂车以外的连接于汽车的挂车，具体包括《公约》附件六和附件七定义的 A 类或 B 类汽车及可能情况下的其他汽车。《公约》仅规定了车辆用途，并没有对车辆类型作出具体规定。基于此，建议我国对准许进入国际交通的车辆类型作进一步明确。

二是登记。根据《机动车登记规定》第五条、第七条规定,在我国申请机动车注册登记的,机动车所有人应当填写申请表,并提交向相关证明凭证,确认机动车,核对车辆识别代号拓印膜,审查提交的证明凭证后,核发机动车登记证书、号牌、行驶证和检验合格标志。该规定第八条第2款要求,办理全挂汽车列车和半挂汽车列车注册登记时,应当对牵引车和挂车分别核发机动车登记证书、号牌和行驶证。其中机动车登记证书中包含的具体项目有:机动车所有人、身份证明名称、号码、登记机关、登记日期、机动车登记编号、车辆类型、车辆品牌、车辆型号、车身颜色、车辆识别代号/车架号、进口/国产、发动机号、发动机型号、燃料种类、排量/功率、制造厂名称、转向形式、轮距、轮胎数、轮胎规格、钢板弹簧片数、轴距、轴数、外廓尺寸、货厢内部尺寸、总质量、核定载质量、核定载客、准牵引总质量、驾驶室载客、使用性质、车辆获得方式、车辆出厂日期。根据《公约》第三十五条第1款(a)(b)项的规定,建议我国对准许进入国际交通的机动车登记证书增加拉丁印刷体或英文手写体,同时可以增加制造年份的相关信息。对于《公约》第三十五条第2款关于挂车登记规定,对未分开的铰链车辆,牵引车和半挂车只有一个登记和一个证书,和《公约》暂行条款第四十条第1款的规定,建议我国对此予以保留。我国关于机动车登记号牌和国际交通客运和货运车辆的国籍识别标志分别规定在《中华人民共和国机动车号牌》(GA 36—2014)和《中华人民共和国国际道路运输车辆国际识别标志》(GB/T 24419—2009)中,具体内容包括规格、样式、颜色、材质、摆放位置等。对比《公约》第三十六条、第三十七条以及附件二、附件三的规定,我国现行法律及标准对登记号牌和国籍识别标志的规定,与《公约》的要求基本一致。

前文已经分析了我国如果加入《公约》,国内法应当借鉴《公

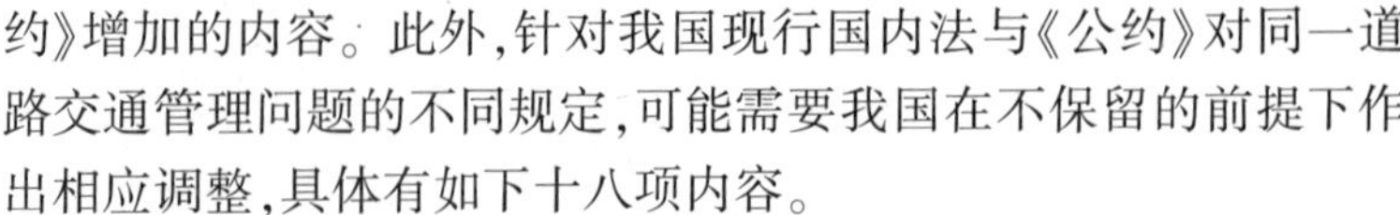

约》增加的内容。此外,针对我国现行国内法与《公约》对同一道路交通管理问题的不同规定,可能需要我国在不保留的前提下作出相应调整,具体有如下十八项内容。

第一,我国需要调整部分交通术语,以实现与《公约》的对接。如针对部分概念缺失的情况,我国可以在《道路交通安全法》或《道路交通安全法实施条例》附则中增加“国际交通车辆”“轻型挂车”“车辆组合”等概念或者对已有概念进行调整。

第二,我国对于“高速公路”的定性表述是通过对车辆行驶速度的判断,这与《公约》对“高速公路”的判断表述存在差异。我国可以借鉴《公约》的内容,完善对于“高速公路”的管理。

第三,我国对交通标志信号及通行规则冲突时的适用问题并未作出规定,但实际中存在类似问题。故可以借鉴《公约》第五条“标志及信号的法律地位”的有关规定,在《道路交通安全法》的修订过程中,对该问题作出规定。

第四,虽然我国有关道路交通标志标线的规定比较全面、完备,如《道路交通安全法》对标志标线的设计要求、摆放位置等问题作出统一规定;国家标准《道路交通标志和标线》(GB 5768)对标志标线的技术问题作出规定。但对比《公约》第四条的各项规定,仍建议根据《公约》,对我国道路交通标志标线的规定作出调整,与国际形成统一。

第五,扩大主体保护范围。我国《道路交通安全法》第四十八条规定,机动车减速靠右行驶,并与其他车辆、行人保持必要的安全距离。建议借鉴《公约》的规定,将主体保护范围扩大至道路使用人。此外,对于特殊人群的保护,我国《道路交通安全法》规定的特殊人群包括学龄前儿童、不能辨认或者不能控制自己行为的精神疾病患者、智力障碍者和盲人。建议借鉴《公约》中对特殊人群的有关规定,扩大特殊人群的范围,加强对老年人和残疾人的保护。

第六,可以借鉴《公约》中超车、连贯行驶、对面会车、驾驶规则、驾驶改变方向和行人规则的要求,完善我国机动车驾驶人的管理,制定指导驾驶人安全文明驾驶的操作规范,提高驾驶人的驾驶技巧。

第七,可以借鉴《公约》中"车行道安全岛"的规定,增加"车行道安全岛"的有关概念,并完善我国有关"行人安全岛"的有关内容。

第八,可以借鉴《公约》的条文结构,对隧道内车辆的通行规则作出单独的规定,并增加规定车辆在隧道内行驶时的灯光使用规则,以降低隧道内因视线不佳发生交通事故的可能性。由于我国国内法的对紧急情况或危险情况的临时停车或停车的规定,严于《公约》,可待进一步论证后作出修改或保留决定。

第九,可以借鉴《公约》中"轨道车辆"的概念,加强对我国同类车辆的管理。

第十,可以借鉴《公约》对车辆装载的有关要求,细化我国大中型货车驾驶人对车载货物安全摆放的要求,并增加夜间载货的相关规定。

第十一,可以借鉴《公约》第三十三条对于"手推车、畜力车灯光使用规则以及夜间沿车行道行走时的灯光使用规则"的规定,调整我国内对应车辆的灯光使用管理规定。

第十二,我国法律规定中无"驾驭人"这一概念,但是在《道路交通安全法》第六十条中规定了"驾驭"一词。因此,我国可以借鉴《公约》,对"驾驭"的概念作出调整。

第十三,根据《公约》第八条第 1 款规定,世界各国在国家道路交通通行环境中,不允许无人驾驶的机动车上道路行驶,这与我国现阶段政策是一致的。然而,随着无人驾驶研究的开展,我国对于这一问题应当持续加以关注,并结合实际情况作出调整。

第十四,可以借鉴《公约》中按不同车辆类型,规定不同的灯光使用规则以及对改装车灯的应对和处罚。

第十五，调整国内驾驶证样式。《公约》对于机动车驾驶证的样式作出明确规定并要求缔约国应当遵守。根据《公约》生效日期的规定，附件六从2011年3月29日开始适用，因此，缔约国应当在其生效的5年内，即在2016年3月29日前完成国内驾驶证与《公约》国内驾驶证要求的接轨。

第十六，调整我国公安交通管理部门对驾驶证的管理。根据《公约》第四十二条赋予缔约国取消驾驶人驾驶资格的权利，缔约国可以吊销的证件类型包括国内驾驶证和国际驾驶证。我国如果加入《公约》，则公安交通管理部门也将有权对外国驾驶证和国际驾驶证作出暂扣或吊销决定。赋予其直接吊销并扣留外国驾驶证和签注国际驾驶证的权利，能够直接保证对国外驾驶人的道路交通违法行为的惩罚落实，并且能够杜绝由有严重违反交通违法行为，被吊销驾驶证的驾驶人驾驶机动车带来的危险。

第十七，《公约》规定缔约国有义务将吊销驾驶证使用权一事通知发证国家机关，但是并未明确规定通过何种渠道告知发证国家机关。我国如果加入《公约》，则应当明确通知的形式。

第十八，《公约》规定持证人持有国际驾驶证驾驶机动车被吊销、暂扣驾驶证时，应当在国际驾驶证的空白签注栏标明，以表示该国际驾驶证在该国境内不再有效，但是并未规定该国际驾驶证在其他缔约国是否继续存有效力。我国如果加入《公约》，则应当明确如果任一缔约国人员持签注有在某国境内无效的国际驾驶证，是否应当继续承认其在我国具有驾驶资格。

第2节 《公约》的保留

《公约》除在其内容中作出建议性规定外，同样允许缔约国作出相应的保留，即根据本国道路交通管理的实际情况作出选择特

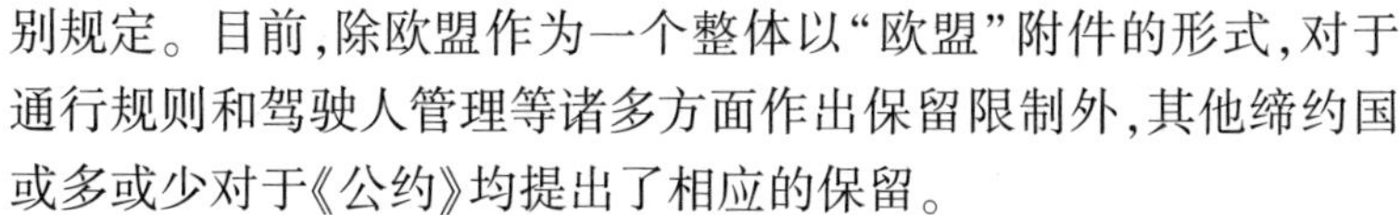

别规定。目前,除欧盟作为一个整体以“欧盟”附件的形式,对于通行规则和驾驶人管理等诸多方面作出保留限制外,其他缔约国或多或少对于《公约》均提出了相应的保留。

一、《公约》的冲突解决

《公约》在适用上难免存在冲突,会员国应当依照冲突解决原则,遵守冲突解决方式。

(一)冲突解决的原则

根据《联合国宪章》第二条规定,各会员国应以和平方法解决其国际争端,避免危及国际和平、安全及正义。各会员国在其国际关系上不得使用威胁或武力,或以与联合国宗旨不符之任何其他方法,侵害任何会员国或国家之领土完整或政治独立。《联合国宪章》第三十三条规定,任何争端之当事国,于争端之继续存在足以危及国际和平与安全之维持时,应尽先以谈判、调查、调停、和解、公断、司法解决、区域机关或区域办法之利用,或各该国自行选择之其他和平方法,求得解决。面对可能出现的缔约国国内、国外安全形势的变化,在紧急状况下优先适用《联合国宪章》的有关规定,不得以《公约》作为阻碍《联合国宪章》适用的理由。

(二)冲突解决的方式

《公约》第五十二条规定了公约适用时冲突的解决方式:两个或多个缔约国对《公约》的解释或适用发生任何争端,不能通过谈判或其他方式解决,可由任何缔约国提出请求,提交国际法院裁决。对于此项冲突条款的解决方式,《公约》第五十四条第 1 款明确,允许缔约国在加入时对此条款作出保留,如任一缔约国对此条款提出保留声明,则对于与其进行国际交通交往的其他缔约国而言,无论该缔约国是否作出保留,均不受第五十二条约束。

《公约》的冲突解决方式是建议性条款,允许缔约国首先采用

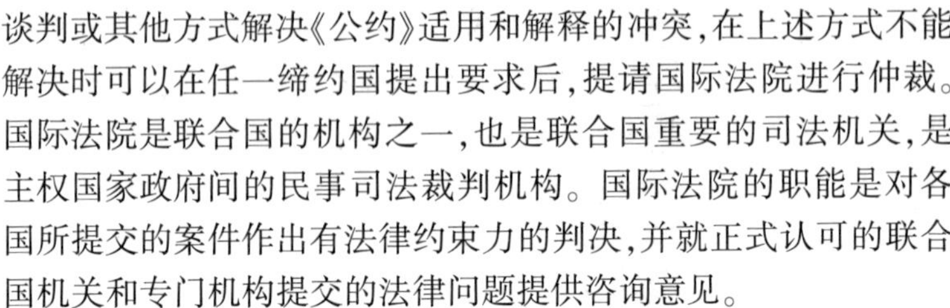

谈判或其他方式解决《公约》适用和解释的冲突，在上述方式不能解决时可以在任一缔约国提出要求后，提请国际法院进行仲裁。国际法院是联合国的机构之一，也是联合国重要的司法机关，是主权国家政府间的民事司法裁判机构。国际法院的职能是对各国所提交的案件作出有法律约束力的判决，并就正式认可的联合国机关和专门机构提交的法律问题提供咨询意见。

目前有如下国家对《公约》第五十二条提出了保留。保留方式之一是明确表示缔约国自身不受《公约》的约束，典型国家包括：爱沙尼亚、印度尼西亚、立陶宛、摩洛哥、南非、西班牙、泰国；保留方式之二是承认国际法院的仲裁，但前提是争端所有当事方均同意，典型国家包括：罗马尼亚和突尼斯；保留方式之三是排除国际法院的管辖，典型国家是瑞典，其明确反对将《公约》所涉入的争端提交仲裁。

对于此项条款，有国家作出绝对保留，也有国家作出相对保留。因此，我国如果加入《公约》，既可借鉴罗马尼亚和突尼斯作出的保留，即要求关于《公约》解释或适用问题的任何争端，只有在所有当事方事先同意后，方可提交仲裁或提交国际法院；也可以借鉴瑞典的保留方式，即反对将《公约》所涉争端提交仲裁。上述两种保留均可以使我国在《公约》纠纷的解决上更加具有主动性。

二、缔约国对《公约》的保留

国际法委员会在1999年的《关于条约保留的实践指南》中对“保留”进行了更加明确的规定，即“保留”是指：“一国或国际组织在签署、批准、正式确认、接受、核准或者加入条约，或一国发出继承条约的通知时所做的单方面声明，不论其措辞或名称为何，该国或国际组织意图藉此排除或更改条约中某些规定对该国或该组织适用时的法律效力。”此项规定是在承继1969年《维也纳

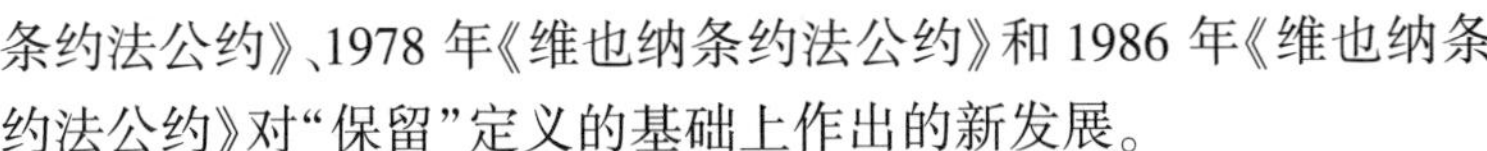

条约法公约》、1978 年《维也纳条约法公约》和 1986 年《维也纳条约法公约》对“保留”定义的基础上作出的新发展。

（一）条约的保留

条约保留需具备以下几个特征：是“片面声明”、提出的时间点具有“限制性”、效果在于排除或更改条约的适用、在“名称”上具有灵活性。我国如果考虑加入《公约》，首先，建议在综合评估《公约》的具体使用基础上，提前选择好保留项目，并在选择批准时一并提出。保留必须是为排除或改变条约对一国适用时的法律效果，即排除或改变一国在条约拘束下本应承担的义务。其次，鉴于我国的各项规定与《公约》的对接均存在一定差异，还需考虑是否作出“质的保留”。最后，建议我国参考其他缔约国，采取“保留”或“声明”的方式。

对《公约》的保留，必须符合《公约》的目的和宗旨，即统一交通规则、便利国际道路交通、加强道路交通安全。从这三方面来看，我国的保留条款在“加强交通安全”方面与《公约》不存在冲突，但是结合我国道路交通安全管理现状以及经济、政治、国家安全等方面情况，我国作出的保留有可能在统一交通规则、便利国际道路交通两方面被其他缔约国认定为与《公约》存在冲突。

（二）各缔约国对《公约》的保留

各缔约国在加入《公约》之前，会根据本国道路交通安全管理的现状与实际，分析《公约》中有哪些内容是可以采纳的，有哪些内容是需要保留的。按照大洲来进行划分，可以更加清楚地了解各个缔约国对于《公约》的保留。

1. 欧洲

欧洲中的欧盟国家作为一个特殊的主体，通过内部协商确定了“欧盟协定”，即对《公约》的整体调整。此外，一些非欧盟成员的欧洲国家也作出相应的保留。

(1)白俄罗斯。

白俄罗斯按照国际条约继承原则继承了白俄罗斯苏维埃社会主义共和国签订的《公约》。白俄罗斯对于《公约》第五十二条作出保留,已声明有关《公约》解释或适用的争端,可在任何一方的要求下提交国际法院,允许通过国际法院来解决《公约》的适用问题。

(2)俄罗斯。

俄罗斯保留和声明的内容与白俄罗斯相同,即对《公约》第五十二条作出保留,已声明有关《公约》解释或适用的争端,可在任何一方的要求下提交国际法院,允许通过国际法院来解决《公约》的适用问题。

(3)比利时。

《公约》第十条第3款内容为:"在不影响第七条第1款、第十一条第6款之相反规定和《公约》其他相反规定的前提下,所有车辆驾驶人均应在条件许可范围内,使车辆靠近顺行方向车行道的边缘。但缔约国或其行政分区可对车行道上载货车辆的位置,规定更具体的规则。"第七条第1款内容为"道路使用人应避免可能危及或妨碍交通、危及人身或对公共或私人财产造成损害的任何行为。"第十一条第6款内容为:"在出现本条第5款(a)项规定的情况下,若交通密度使车辆不仅占用同一行车方向车行道之全部宽度,且车辆的行驶速度受到连贯行驶的前方车辆的限制:(a)在不影响本条第9款规定的条件下,沿一线连贯行驶的车辆,车速高于沿另一线连贯行驶的车辆,不应视为本条所指的超车;(b)驾驶人若不在最靠近顺行方向车行道边缘之车道,则只能在准备左转、右转或停车时,方可变换车道;但对根据本条第5款(b)项规定制定的国内法,驾驶人依有关规定变换车道,不适用本项规定。"对于上述第十一条第6款的内容,《欧洲协定》附件第10段作出规定:"修订《公约》第十一条第5款(b)项不应适用本项规定。第 6 款(b)项因本条第 5 款(b)项不予适用,本项最后一句的规定也不应适用”。比利时的保留条款禁止了所有车辆驾驶人均应在条件许可范围内,使车辆靠近顺行方向车行道的边缘,即任何时候车辆驾驶人都应当避免靠近顺行方向车行道的边缘。

《公约》第十八条第 3 款内容为:“任何驾驶人从沿路房舍或场地驶入道路时,应向在该路上行驶的车辆让路。”对此,《欧洲协定》附件第 15 段作出具体规定:“本款应改为:任何驾驶人从沿路房舍或场地驶入道路时,应向在该路上行驶的道路使用人让路。”《公约》只要求为车辆让路,而《欧洲协定》附件要求为全部道路使用人让路,其中既包括车辆驾驶人,也包括骑行人和行人等道路使用人,即扩大了让行的范围。

(4)丹麦。

丹麦对于《公约》的保留条款内容较多,具体如下。

第一,第十八条第 2 款规定:“任何驾驶人从小路或从泥土路驶出,在进入非小路或泥土路的另一道路时,应该向该路上行驶的车辆让路。对于本条而言,小路和泥土路的定义,可由国内法作出规定。”对此,丹麦单独对本条的道路进行了规定,即从小路或砂石路驶出的道路使用人,应向该路上行驶的车辆让路。丹麦扩大了该条款原有的内容,即将原有的只包括驾驶人的让行主体,扩充为了全部道路使用人,并对小路和泥土路进行了具体规定。

第二,丹麦对于在建筑密集区以外驾驶的机动车允许使用停车灯。

第三,附件五第 17 段(c)项:“无主制动器的挂车,最大允许质量不得超过牵引车的整备质量加驾驶员重量之和的一半。”

第四,丹麦明确将最高设计时速为每小时超过 30 千米的轻便摩托车视作摩托车进行管理,因此,在丹麦驾驶速度超过 30 千米/小时的轻便摩托车,也应当取得驾驶资格,并按照摩托车有关规定进行管理。外国驾驶人可以通过在丹麦参加摩托车考试取得轻便摩托车驾驶资格,也可以给出已经在其他缔约国合法取得摩托车或轻便摩托车驾驶资格的证明。

第五,丹麦还作出概括性的规定:"丹麦政府可以接受所提的修正案,但不包括以下条款,对这些条款只能拒绝:一是第二十五条第 2 款,根据该款,准备进入高速公路的驾驶人应为已在高速公路上行驶的车辆让路。二是第三十二条第 4 款,关于雾灯的使用。三是第三十二条第 7 款,关于远光灯的使用。四是附件六项目 4 关于驾驶证上的项目编号以及相应的第四十三条第 2 款,有关附件六的部分。丹麦政府在附注中单独作出一些规定和声明:首先,丹麦政府拒绝一切准备进入高速公路的驾驶人应当为已经在高速公路上的行驶车辆让行的规则,其次,丹麦政府拒绝承认车辆雾灯的适用规则与远光灯的使用规则,最后,丹麦政府拒绝承认驾驶证的项目编号规则。

由此可见,丹麦对于《公约》的保留内容较多,这也反映出丹麦的道路交通管理法律法规与《公约》存在一定的矛盾与冲突,充分借鉴丹麦对于《公约》内容的保留,可以更好地确定我国在加入公约时提出保留的内容,特别是在国内驾驶证的有关方面。

(5)芬兰。

芬兰也是对《公约》作出保留较多的国家,具体内容如下。

第一,芬兰是自行车大国,全国有数百万辆自行车和近万公里的自行车专用道,自 2006 年以来,芬兰全国每年自行车销售量都在 30 万辆以上。芬兰国内对于自行车有着严格的法律保护和规范约束,包括骑自行车者免责的法律条款,即在任何情况下,如果机动车驾驶者与骑行者、行人发生碰撞而导致后者受伤,都由机动车驾驶者负全责。因此,芬兰作出的第一项保留就是:在芬兰,凡骑自行车和轻便摩托车的人总是可以从右侧超越自行车和轻便摩托车以外的车辆。此项规定是结合芬兰国内具体的自行车管理情况作出的保留，对我国有一定的借鉴意义。

第二，芬兰同丹麦一样，对于从小路进入主要道路的通行权内容作出保留，要求驾驶人从小路或土路驶出、转入非小路或土路之另一道路时，或从沿路房地驶入道路时，应向该路上进行的所有交通让路。即扩大了让行对象范围。此项规定也是结合芬兰国内自身道路修建特点作出的保留，土路、小路以及沿房路在我国也很常见，如何分配通行权，是否应当对此项内容作出保留还需进一步分析。

第三，芬兰在车辆的灯光上也作出一定保留。首先，芬兰保留了在建筑密集区以外行驶时，机动车辆的远光灯、近光灯或行车灯必须始终打开的规定。由于芬兰的特殊地理位置与气候环境，芬兰驾驶人在建筑密集区以外的地区，白天行驶时也会打开远光灯。但为避免远光灯产生潜在的交通危险，在行人密集区无此要求。其次，在黑暗或光线昏暗中驾驶，或由于天气等原因能见度不足时，所有车辆都必须使用远光或近光灯。此项规定也是结合芬兰的国内情况单独作出的保留。最后，芬兰规定雾灯只能在雾天或大雨天或雪天使用。在这种情况下，允许使用这些灯替代近光灯，条件是位置灯必须同时打开。此项规定也是芬兰根据国内的天气情况单独作出的规定。芬兰对于灯光内容的保留可以为我国加入《公约》提供借鉴。

此外，芬兰还在1993年2月26日对于《公约》各类修正案的内容作出保留。《公约》第五十四条第5款规定："除本条第1款所规定的保留外，还可以对《公约》及其附件提出保留，但必须以书面提出，如果是在交存批准书之前或加入书之前提出，并需在该项文书中确认，秘书长应将有关保留通报《公约》第四十五条第1款所指的所有国家。"当缔约国对于《公约》提出修正案且被接受后，可对相应内容作出保留：《公约》第十八条第7款"非轨道行驶的车辆驾驶人应当向有轨车辆让路"规则；第二十五条第2款

“将要进入高速公路的驾驶人应当给已在高速公路上行驶的车辆让路,如有加速道,应使用加速道”;第三十二条第6款“在日间,道路上行驶的摩托车应至少在前方开一近光灯,在尾部开红灯。国内法可准许使用日间行车灯代替近光灯。”

(6)德国。

德国对于《公约》的保留也非常详细。由于欧盟国家在《公约》的基础上还提出了《欧洲协定》与《欧洲协定的附件》,因此,德国的保留内容还涉及上述文件。

首先,德国承认《公约》第十八条第3款“任何驾驶人从沿路房舍或场地驶入道路时,应向在该路上行驶的车辆让路。”

其次,德国对修正的第二十三条第3款(c)项(五)目作出保留,该项条款已经删除,并且不对缔约国产生影响。

再次,德国对修正的第三十一条第1款(d)项作出保留。第三十一条第1款(d)项规定:“如事故造成伤亡,即行报警并留守或返回事故现场,等候警察到场,除非得到警察准许离开,或必须照顾伤员,或本人必须接受救护,否则不得离开。”对此,《欧洲协定的附件》第24段在原第1款后增加:“如事故仅造成物质损失而任何遭受损害方不在现场,事故有关者须尽可能在现场留下姓名和住址,无论如何应尽快以最直接的渠道或通过警方向遭受损失的人提供该信息。”德意志联邦共和国《道路交通法》第六条规定:“发生交通事故后,有关人员必须采取行动的原因包括:为了保证交通和帮助受害者;为了弄清和保证民法的权利而查明各方的责任;为能实现赔偿损害的要求。”德国对于发生交通事故后返回事故现场作出了规定,一是为确定责任主体,二是发达的保险行业在勘察和保护事故现场起到了重要的作用,也因此德国对此作出了保留。

然后,德国对修正的第四十二条第1款作出保留。《公约》第四十二条第1款(c)规定“缔约国或其行政分区与驾驶人在该国境内触犯规章,依该国法律应没收驾驶证,可取消该驾驶人在其境内使用国内驾驶证或国际驾驶证的权利,在这种情况下,取消驾驶证使用权的缔约国或其行政分区主管机关可以:(c)如为国际驾驶证,在驾驶证的空白签注栏标明,该驾驶证在该国境内不再有效。”德国对此作出扩大解释,即如果驾驶人持任一缔约国驾驶证在德国发生吊销驾驶证的交通违法行为,德国也可以直接在其本国驾驶证上作出签注,以排除其驾驶资格。

德国对修正的附件一第1段国际运输保留下述权利。德国要求外国货车具有与德国车辆相同的最低限度引擎性能,同时禁止以下车辆进入交通:配有铆钉轮胎的车辆;超过德意志联邦共和国所允许的最大车重和最大轴载质量,或不符合关于在车辆上置入这些数字的规定的车辆以及未安装规定类型的计速器(控制装置)的车辆。德国对于进入本国的国际交通车辆作出更为细致的规定,也在此基础上提出了非常详细的保留条款。德国的此款保留对我国的借鉴意义很大,我国也可以基于本国国际车辆通行规则对相应内容提出保留。

德国对修正的附件五第11段第一句前半句的规定作出保留。《公约》允许在不影响本附件第17段(c)项规定的条件下,除轻型挂车外,凡挂车须安装下述制动器。德国对于此项规则的保留,令挂车安装制动器的标准更加严格,即虽然挂车种类为轻型挂车,也应当安装制动器。这一规定是从保护德国国内道路交通安全的角度出发的,对于我国也有一定借鉴意义。考虑到我国对于挂车的管理还不够明确,因此是否对此项提出保留还应当作进一步分析。

最后,德国对修订的附件五第58段“在技术上可行的情况下,凡《公约》附件六和附件七所指B类车辆所有朝前的座位,须安装合格的安全带或类似的有效合格装置;但本国法律规定为特殊目的制造或特殊用途的车辆除外。”作出保留。本条规定已经

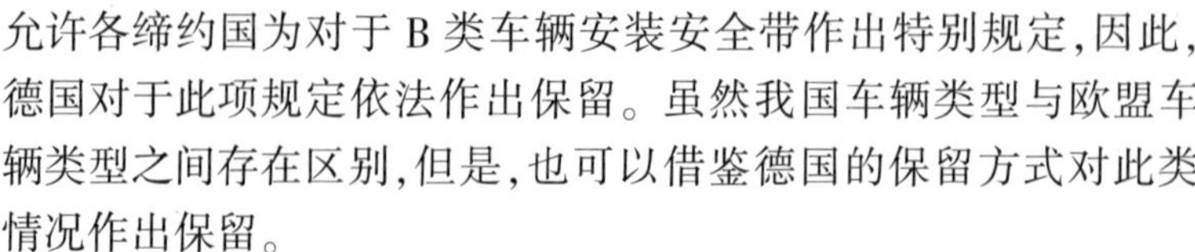

允许各缔约国为对于 B 类车辆安装安全带作出特别规定，因此，德国对于此项规定依法作出保留。虽然我国车辆类型与欧盟车辆类型之间存在区别，但是，也可以借鉴德国的保留方式对此类情况作出保留。

德国除对《公约》作出保留外，还作出单独的声明，将轻便摩托车视作摩托车进行管理，因此，驾驶轻便摩托车同样需要考取驾驶资格，外国驾驶人如需在德国驾驶轻便摩托车，须具有本国摩托车驾驶资格或在德国当地考取轻便摩托车驾驶资格。

1993 年 3 月 3 日，在秘书长发出波兰政府提出的修正案 12 个月后，只有不足三分之一的缔约国表示拒绝，因此，除缔约国未接受的部分，其他内容对缔约国生效。此外，德国还对如下内容作出保留：一是在国内法中对某些类别的道路不设速度限制的权利。《公约》第十三条第 2 款规定了国内法应对所有道路规定限速，但是德国高速公路不限速。二是《公约》中“凡车辆在任何地点临时停车或停车可能引起危险者，均应禁止，特别是车辆将挡住道路使用人看到路标或交通信号灯视线的任何地点”。三是特定天气条件下车辆灯光的使用；轻便摩托车和不带挎斗、未装备电池组的两轮摩托车，停靠在建筑密集区行车道最外缘可不开任何车灯；某些车辆，如小车等车辆的前方为示警目的使用红灯的权利。四是车辆登记的内容。五是在国内法律中不要求某些类别车辆的驾驶人持有驾驶证的权利。六是在本国法律中，以某种其他方式在驾驶证上注明，驾驶证限用于特定类别的某些车辆的权利。七是《公约》附件六国内驾驶证对驾驶证项目编号。

(7) 匈牙利。

匈牙利曾经对《公约》第五十二条涉及国际法院管辖的内容作出过保留，但是 1989 年 12 月 8 日，匈牙利政府以通知的形式，通知秘书长收回该项保留。匈牙利对于《公约》第十八条第 3 款“任何驾驶人从沿路房舍或场地驶入道路时，应向在该路上行驶

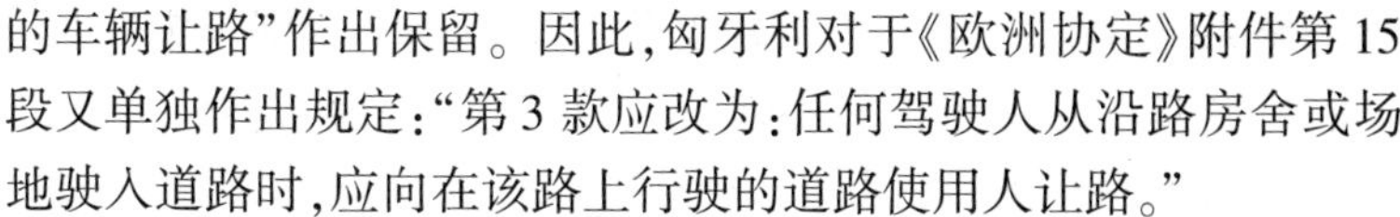

的车辆让路”作出保留。因此,匈牙利对于《欧洲协定》附件第15段又单独作出规定:“第3款应改为:任何驾驶人从沿路房舍或场地驶入道路时,应向在该路上行驶的道路使用人让路。”

(8)立陶宛。

立陶宛与大多数缔约国一样,出于对国内道路交通安全的考虑,旨在维护本国的主权权益,保留承认国际法院对缔约国关于《公约》争议的仲裁权。

(9)摩纳哥。

摩纳哥将轻便摩托车视作摩托车进行管理。因此,在摩纳哥驾驶轻便摩托车,驾驶人需持有缔约国的轻便摩托车驾驶证或在摩纳哥考取轻便摩托车驾驶资格。

(10)挪威。

挪威对于《公约》的保留内容较多。首先,挪威对《公约》第三条作出全面的保留。其次,挪威对《公约》第八条第5款“凡驾驶人或驾驭人应随时能够控制其车辆或驾驭的牲口”作出保留,该项条款在《欧洲协定》的附件第7段单独作出规定,即挪威需遵守“国内法应作出规定,驮负、牵引或骑乘之牲口,以及单独或成群之牲畜(除在入口处标明之特别区域外),均须有人能在任何时候加以引导的驾驭”。然后,挪威对《公约》第十八条第2款“任何驾驶人从小路或泥土路驶出,在进入非小路或泥土路的另一道路时,应向在该路上行驶的车辆让路。对本条而言,“小路”或“泥土路”的定义,可由国内法作出规定”作出保留。最后,挪威对《公约》第十八条第3款“任何驾驶人从沿路房舍或场地驶入道路时,应向在该路上行驶的车辆让路”作出保留,因为在《欧洲协定》附件第15段又单独作出规定,即挪威需遵守“第3款应改为:任何驾驶人从沿路房舍或场地驶入道路时,应向在该路上行驶的道路使用人让路”。此外,《公约》第二十五条第2款规定,将要进入高速公路的驾驶人应给已经在高速路上行驶的车辆让路,但是挪威

国内继续使用拉链原则,因此,对于此处优先权的归属,挪威也作出相应保留。

(11)罗马尼亚。

罗马尼亚在批准条约加入时对《公约》第五十二条作出保留,承认在争端双方均同意的情况下提交国际法院仲裁。

(12)西班牙。

西班牙不仅对《公约》第五十二条作出保留,还对《公约》第四十六条作出保留,涉及《公约》适用领土范围、适用领土范围时效和交通标志的规定。

(13)瑞典。

瑞典对《公约》作出三项保留:第一项保留内容明确表示瑞典适用《欧洲协定》第15段内容,即任何驾驶人从沿路房舍或场地驶入道路时,应向在该路上行驶的道路使用人让路。原条款只要求向道路上行驶的车辆让路,瑞典扩大为全部道路使用人。第二项保留内容涉及《公约》三十三条第1款c项和d项内容,虽目前此项内容已经被删除,但瑞典仍旧适用作出的保留内容,即"在日间驾车,为了使其他道路使用人充分注意到车辆,也应使用近光灯、位置灯或其他车灯"。第三项保留内容是对《公约》第五十二条,瑞典明确反对将《公约》适用的内容提交国际法院仲裁,这也是出于对国内道路交通安全的考虑,是对国家主权的维护。此外,结合国内的具体情况,瑞典对《公约》第二十五条第2款规定,即将要进入高速公路的驾驶人应给已经在高速路上行驶的车辆让路,作出相应保留。

(14)瑞士。

瑞士对《公约》作出的保留内容明确表示其适用《欧洲协定》第15段内容,即任何驾驶人从沿路房舍或场地驶入道路时,应向在该路上行驶的道路使用人让路。即瑞典将让路对象扩大到全部道路使用人。此外,瑞士在声明中要求《公约》第三章签发的登

记证书的适用条件是,该证书不禁止所涉车辆进入签发国国家领土。即针对由瑞士签发登记证书的车辆,在其他缔约国由于总重量、轴载重量或车身尺寸不同而被拒绝入境后,瑞士也可根据具体情况对该缔约国签发登记证书的车辆作出限制,这是出于对瑞士本国利益保护的考虑。

(15)乌克兰。

乌克兰作出保留和声明的内容与白俄罗斯相同,即对于《公约》第五十二条作出保留,已声明有关《公约》解释或适用的争端,可在任何一方的要求下提交国际法院,允许通过国际法院来的解决《公约》的适用问题。

(16)爱沙尼亚。

爱沙尼亚与大多数缔约国一样,对《公约》第五十二条作出保留,承认在争端双方均同意的情况下提交国际法院仲裁。

2. 美洲

在现阶段掌握的材料中,美洲有关国家如巴西、古巴和乌拉圭对于《公约》提出了保留,且他们所作出的保留也是建立在本国法律和道路交通安全的基础上,是出于国家利益的重要考量。

(1)巴西。

巴西对于《公约》作出保留和说明的内容如下。

第一,巴西对《公约》第二十条第2款(a)项和(b)项作出保留:"(a)推拉或负担笨重物件的行人,如果在人行道或边道上行走可能严重妨碍其他行人,可使用车行道;(b)由一人带领或排成行列的行人队伍,可在车行道上行走。"同时要求,推拉或负担笨重物件的行人,如果在人行道或边道上行走可能严重妨碍其他行人,不可使用车行道;由一人带领或排成行列的行人队伍,不可在车行道上行走。

考虑到我国机动车与行人、非机动车抢道的情况时有发生,如果再将这些道路通行主体混同在一起,将可能造成更多或更加

严重的交通事故。因此,我国可考虑借鉴巴西的经验,对此作出保留。

第二,巴西对《公约》第二十三条第2款(a)项作出保留:"(a)车行道上停止前进的牲畜,和车辆临时停车或停车,应尽量靠近车行道边缘。除非在驾驶人的顺行方向一侧,否则驾驶人不得在车行道上临时停车或停车;但如顺行方向一侧因有轨道而无法停车时,可在另一侧临时停车或停车。此外,缔约国或其行政分区还可:(一)在某些情况下,不禁止在一侧或另一侧临时停车或停车,例如,在顺行方向一侧有路标禁止临时停车;(二)在单向车行道上,准许在顺行方向一侧以及另一侧,或仅允许在另一侧临时停车或停车;(三)准许在车行道中央特别标明的位置临时停车或停车。"巴西在考虑国内具体的交通情况,尤其是道路上存在的畜力车情况,对于此项规定作出保留。由于我国相关法律和道路通行准则中对于畜力车的有关规定并不明确,因此,是否应当对于该条款进行保留,也需要进行进一步考虑。

第三,巴西对《公约》第四十条作出保留:"1. 自本《公约》依第四十七条第1款生效之日起10年内,进入国际交通的挂车不论其允许最大质量如何,即使没有登记,也应享有本《公约》各项规定之便利。2. 登记证应在《公约》生效之日5年内符合对第三十五条第1款修正案的规定。在这段时间里颁发的登记证,在登记证上注明的失效期之前,应予相互承认。"考虑到各个国家对于挂车的要求各不相同,也考虑到国家的道路交通安全情况,巴西对于未满足《公约》有关挂车规定的车辆或未进行登记的车辆,要求一律不能享有《公约》提供的各项便利条款。从我国道路交通安全和国际道路交通挂车进入我国的有关管理方面考虑,一旦允许未经登记的国际通行车辆进入我国,将对我国的道路交通安全管理产生一定的冲击与影响。因此,建议我国借鉴巴西的经验,对于第四十条暂行条款提出保留,但如果加入《公约》时,该暂行条款已经失效,则可以不纳入考虑之中。

巴西对《公约》第四十一条第1款(a)(b)和(c)项(部分保留)作出保留,即持有靠左行驶国家签发的驾驶证的驾驶人,在参加靠右驾驶路考前不能在巴西开车。此外,巴西并没有直接否定靠左驾驶国家颁发的驾驶证的有效性,而是要求持该类驾驶证的驾驶人再次参加路考。目前国际上靠左侧行驶的国家和地区包括:安圭拉岛、安提瓜和巴布达、澳大利亚、巴哈马群岛孟加拉国、巴巴多斯、百慕大群岛、不丹王国、博茨瓦纳、英属维尔京群岛、文莱、开曼群岛、海峡群岛、西斯凯、塞浦路斯、多米尼加、斐济、格林纳达、亚那、中国香港、印度、印度尼西亚、爱尔兰、牙买加、日本、肯尼亚、莱索托、中国澳门、马拉维、马来西亚、马耳他、毛里求斯、梦特色拉特、莫桑比克、纳米比亚、尼泊尔、新西兰、巴基斯坦、巴布亚、新几内亚、圣文森与格瑞那丁、塞舌尔、锡金、新加坡、所罗门群岛、索马里、南非、斯里兰卡、圣基茨和尼维斯、圣海伦纳、圣卢西亚、苏里南、斯威士兰、坦桑尼亚、泰国、汤加、特立尼达和多巴哥、乌干达、英国、美属维尔京群岛、文达共和国、赞比亚、津巴布韦。因此,持上述国家驾驶证在巴西驾驶机动车还应当单独参加靠右通行驾驶考试,但是该考试形式以路考的方式完成。

巴西对《公约》附件五第5段(a)项作出保留:“辅助(紧急)制动器,无论载货情况如何,即使在主制动器失灵的情况下,亦能在合理距离内使车辆减速和停止。”巴西基于道路交通安全和驾驶安全,对于载货运输车辆,禁止其在主制动器失灵的情况下,在合理距离内使车辆减速和停止。

巴西对《公约》附件五第28、39和41段(部分保留)作出保留,并要求:“对附件五第28段的部分保留内容是针对所有挂车须安装的三角形逆反射器。因为三角形用于紧急信号装置,向道路前方驾驶人示警,这对巴西有所不便。”此项保留条款我国也可以借鉴,因为三角形逆反射器与道路标志中的警示标志可能存在

冲突，导致驾驶人的误判。“对附件五第 39 段的保留，仅指琥珀色转向灯，因为车尾仅应使用红色灯；”对于此项要求，我国也可以借鉴巴西的有关规定作出保留，要求车尾仅应使用红色灯。“对附件五第 41 段所作的部分保留，是指在巴西，机动车的倒车灯只能发白光。”对于此项要求，我国应当借鉴巴西的方式作出保留，因为我国的倒车灯也通常为白色。

此外，巴西还单独作出几项声明，对于我国同样具有借鉴意义。第一，根据第四章第四十一条第 2 款(b)项的规定，巴西拒绝承认 18 岁以下的人所持驾驶执照在其境内的有效性。根据我国《机动车驾驶证申领和使用规定》第十一条申请年龄的要求，我国申请机动车驾驶证的人员最低年龄为 18 周岁，对于持他国驾驶证未满 18 周岁的人员来说，其在我国驾驶机动车时必然会产生年龄上的冲突，因此我国应当借鉴巴西的有关声明的规定，拒绝承认 18 岁以下的人员所持驾驶证在中国境内的有效性，其中对于香港和澳门地区的管理，依照具体情况处理。第二，根据第四章第四十一条第 2 款的规定，对附件六和附件七中的国内驾驶证式样，巴西拒绝承认不满 21 岁的人所持驾驶证在其领土内驾驶 C、D 和 E 类机动车或车辆组合的有效性。考虑到我国与《公约》在对车辆类型划分上存在的差别，应当首先研究车型的对应问题。根据我国《机动车驾驶证申领和使用规定》的有关要求，对于申请中型客车的年龄要求在 21 周岁以上，50 周岁以下；对于申请大型客车准驾车型的年龄要求在 26 周岁以上，50 周岁以下；对于申请牵引车准驾车型的年龄要求在 24 周岁以上，50 周岁以下。因此，究竟是否在对应车型的基础上，对于驾驶大型客车、大型货车及牵引车辆的人员作出年龄限制，是研究的第二步。具体在确定驾驶大型客车、大型货车及牵引车辆的人员的年龄限制范围方面，可以考虑限制在 21 岁至 26 岁之间，可以与巴西的规定相一致，采用一并规定的方式，还可以采用根据不同车型分别规定的

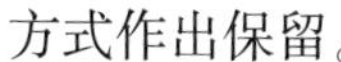

方式作出保留。

(2)古巴共和国。

古巴共和国与大多数缔约国一样,保留承认国际法院对缔约国关于《公约》争议的仲裁权。同时明确声明,将轻便摩托车作为摩托车进行管理,即在古巴共和国驾驶轻便摩托车须取得轻便摩托车驾驶资格,持有相应的驾驶证。

(3)乌拉圭。

乌拉圭明确规定将轻便摩托车视作摩托车进行管理,在乌拉圭驾驶轻便摩托车须取得轻便摩托车驾驶资格,持有相应的驾驶证。

3. 非洲

非洲虽然大多是发展中国家,但是如科特迪瓦,刚果民主共和国等国家已加入《公约》。这些国家考虑到自身的经济发展和相关法律发展的状况,也都对《公约》提出了保留意见。

(1)科特迪瓦。

科特迪瓦与大多数缔约国一样,保留承认国际法院对缔约国关于《公约》争议的仲裁权。

(2)刚果民主共和国。

刚果民主共和国明确表示轻便摩托车和摩托车是当地重要的交通工具,不将轻便摩托车视作摩托车进行管理。

(3)摩洛哥。

摩洛哥和大多数缔约国一样,保留承认国际法院对缔约国关于《公约》争议的仲裁权。同时,摩洛哥将轻便摩托车视作摩托车进行管理,即如果在摩洛哥驾驶轻便摩托车也需取得驾驶资格。在国际通行中,驾驶人或持有缔约国的轻便摩托车驾驶证或在摩洛哥考取轻便摩托车驾驶证,方可获得驾驶资格。

(4)南非。

南非与大多数缔约国一样,保留承认国际法院对缔约国关于

《公约》争议的仲裁权。

(5)突尼斯。

突尼斯对《公约》第五十二条作出保留,承认在争端双方均同意的情况下提交国际法院仲裁。

(6)津巴布韦。

津巴布韦明确规定将轻便摩托车视作摩托车进行管理,在津巴布韦驾驶轻便摩托车须取得轻便摩托车驾驶资格,持有相应的驾驶证。

4. 亚洲

亚洲也有诸多国家加入了《公约》,但是从现阶段掌握的材料可以看出,其主要是针对争端解决方式的保留,这也是亚洲国家对《公约》作出保留的一个重要特点。

(1)印度尼西亚。

印度尼西亚与大多数缔约国一样,保留承认国际法院对缔约国关于《公约》争议的仲裁权。同时,印度尼西亚也明确将轻便摩托车视作摩托车进行管理,即如果在印度尼西亚驾驶轻便摩托车也需取得驾驶资格。在国际通行中,驾驶人或持有缔约国的轻便摩托车驾驶证或在印度尼西亚考取轻便摩托车驾驶证,方可获得驾驶资格。

(2)泰国。

泰国与大多数缔约国一样,保留承认国际法院对缔约国关于《公约》争议的仲裁权。同时,泰国明确规定将轻便摩托车视作摩托车进行管理,在泰国驾驶轻便摩托车须取得轻便摩托车驾驶资格,持有相应的驾驶证。

(三)各缔约国对《公约》的保留的特点

通过上述分析不难看出,缔约国对《公约》的保留主要体现出如下特点:一是原则性保留;二是集中对《公约》纠纷机制与轻便

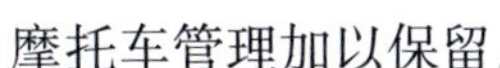

摩托车管理加以保留。

1. 原则性保留

从缔约国对《公约》作出的保留情况不难看出，他们在保留内容上存在共性，而这些共性无不体现出国际利益与国家利益的特点。

在国际利益方面，虽然《公约》重点规则同缔约国之间都存在或多或少的差异，但是加入《公约》并通过保留的方式适用《公约》已经成为大多数国家的选择。当今世界，全球化趋势的加剧，国际分工的高度发展，使得世界各国之间日益形成一种相互交织、相互依存、相互影响的体系。条约作为国家间交往的主要渠道和手段，不仅是国际社会良性运转的依托，而且是国家自身享受国际长远利益和更大范围利益的条件，是实现国际持久和平与公平的有力保证。“条约必须信守”原则就成为维护国际法律秩序、保持国际关系正常发展的重要国际法原则。“条约必须信守”原则要求，缔约者对于自己所做的约定有遵守的必要性，具体是指一个合法缔结的条约，在其有效期间，当事国有依约善意履行的义务。当事国遵守条约涉及国际法和国内法两个方面。一方面，各国必须善意地遵守其所缔结或参加的条约，在国际层面上履行其作为条约当事国所应承担的国际法律义务。另一方面，为避免国际责任发生，国家必须采取相应的国内措施，使国内法与国际条约相一致，在国内层面上执行国际条约，使国家所承担的国际义务得到履行。上述两方面的有机结合是“条约必须信守”原则的客观要求。只有信守条约，才能创造互信、互赖的国际社会环境，国际交往才能维持，国际社会也才能继续存在。

在国家利益的方面，虽然缔约国选择加入《公约》，但是在尽可能与《公约》内容相一致的基础上，根据本国的实际情况，对于涉及本国根本利益的条款还是要作出保留。国际社会中，“置身其外，是闭关锁国；被置身其外，是被边缘化。”国家参加国际条约是为了积极参加国际规则的制定，获取条约的权益，从而在国际关系中谋取更大的利益。国际法主体在国际活动或国际交往中所参加的条约里，不可避免地会就同一事项会产生冲突。由于国家作为主权独立的主体，行为的出发点首先是维护和争取自身利益，故缔约者尤指国家在缔结条约时，应尽力避免国际条约与国内法冲突的出现，在批准和加入条约时，应优先考虑其是否与本国国内法或本国已承担的条约义务相冲突。在冲突存在的情况下，保留即成为缔结者在缔结条约时，从国家利益角度解决冲突的途径。

2. 共性条款

目前针对《公约》内容作出保留较多的有第五十二条纠纷争端解决机制和有关轻便摩托车的管理方法。

(1)纠纷争端机制的保留。

《公约》第五十二条规定，在《公约》适用或解释存在冲突时，提倡通过谈判或其他方式解决，包括通过国际法院进行仲裁裁决。国际法院是联合国的机构之一，也是联合国重要的司法机关，是主权国家政府间的民事司法裁判机构。国际法院的职能是对各国所提交的案件作出有法律约束力的判决，并就正式认可的联合国机关和专门机构提交的法律问题提供咨询意见。

目前至少有 11 个国家对《公约》第五十二条提出了保留，并对其表述进行了修改与调整。如爱沙尼亚："爱沙尼亚认为本国不受《公约》第五十二条的约束"。印度尼西亚："印度尼西亚认为它不受第五十二条的约束。"立陶宛："立陶宛共和国认为，它不受《公约》第五十二条的约束。"摩洛哥："摩洛哥认为它不受本《公约》第五十二条的约束。"罗马尼亚："罗马尼亚社会主义共和国认为，它不受《公约》第五十二条规定的约束，该条规定，两个或多个缔约国间对公约的解释或适用发生任何争端，不能通过谈判或其他方式解决，可由任何有关缔约国提出请求，提请国际法院裁决。罗马尼亚社会主义共和国认为,这种争端只有在争端所有当事方的同意下才可逐案提请国际法院作个别裁决。”俄罗斯联邦:“由于俄罗斯联邦与白俄罗斯所作的保留和声明相同,故俄罗斯联邦对第五十二条提出保留。”南非:“南非共和国认为它不受上述《公约》第五十二条的约束。”西班牙:“根据第五十四条,西班牙认为它不受第五十二条的约束。”瑞典:“关于第五十二条,瑞典反对将它所涉入的争端提交仲裁。”泰国:“泰国不受本公约第五十二条的约束。”突尼斯:“突尼斯共和国在批准加入1968年11月8日《公约》时宣布,突尼斯认为该国不受《公约》第五十二条的约束,并确认,关于《公约》解释或适用问题的任何争端,只有在所有当事方事先同意后,方可提交仲裁或提交国际法院。”

对于此项条款的保留主要是考虑到国家的主权权益。如果我国加入《公约》,可以借鉴罗马尼亚和突尼斯作出的保留情况,即要求关于《公约》解释或适用问题的任何争端,只有在所有当事方事先同意后,方可提交国际法院仲裁。增设所有当事方实现同意,可以使我国在纠纷的解决上更加具有主动性。

(2)轻便摩托车管理的保留。

《公约》第五十四条第2款要求,就目前各个国家对于轻便摩托车的规定不尽相同的情况,允许缔约国结合本国的实际情况,自由选择是否将轻便摩托车视为摩托车,并可以在之后的任何时间通知秘书长收回该声明。

目前至少有10个国家对于此项条款作出保留。巴西宣布曾经将轻便摩托车视作摩托车进行管理,但是巴西国际道路交通委员会后续收回了该声明,现在将轻便摩托车(两轮和三轮车)视为同属自行车类别。古巴共和国将轻便摩托车视为摩托车。刚果民主共和国不将轻便摩托车视为摩托车。丹麦将最高设计时速每小时超过30千米的轻便摩托车视为摩托车。印度尼西亚将轻便摩托车视为摩托车。摩纳哥亲王殿下政府决定,在本国法律规

定范围内,将轻便摩托车视为摩托车。摩洛哥将轻便摩托车视为摩托车。泰国将轻便摩托车视为摩托车。乌拉圭将轻便摩托车视为摩托车。津巴布韦将轻便摩托车视为摩托车。

缔约国如果未对此项作出明确声明,即为默认轻便摩托车不视作摩托车进行管理,但是也有部分国家,如刚果民主共和国,虽然轻便摩托车不视作摩托车,但仍为了强调,明确声明轻便摩托车不视作摩托车。目前我国摩托车有普通摩托车和轻便摩托车两类,根据《机动车运行安全技术条件》,轻便摩托车是指:无论采用何种驱动方式,其最大设计车速不大于 50 千米/小时的摩托车且如果使用内燃机,则其排量不大于 50 毫升;如果使用电驱动,其电动机最大输出功率总和不大于 4 千瓦。因此,我国将轻便摩托车纳入摩托车进行管理,所以我国如果加入《公约》,应当提交声明将轻便摩托车视作摩托车进行管理。另外,对于各个缔约国提交的将轻便摩托车视作摩托车的通知书,可以在其后任何时间通知秘书长收回。巴西曾经于 1985 年 3 月 14 日通知秘书长,决定收回批准时作出的下述声明:“根据第五十四条第 2 款的规定,巴西谨宣布,就本《公约》的适用而言,巴西将轻便摩托车视为摩托车(第一条(n)项)”,目前巴西将轻便摩托车视为与自行车同属类别。

第7章　中外机动车驾驶证互认模式

我国参与国际道路交通规则统一化的模式从理论上分析有如下两种:第一种方式是签订如协定、谅解备忘录等类名称的条约性文件,签订国与国之间或者区域间的驾驶证互认协议,从而参与国际道路交通规则统一化之中。第二种方式是加入《国际道路交通公约》(以下简称《公约》),成为缔约国,实现我国与其他缔约国的驾驶证互认,进而最大限度地实现国际道路规则统一化。

第1节　签订双边条约

一、我国签订双边条约的程序规则

我国驾驶证互认换领工作属于公安机关交通管理部门的事权范畴,具体谈判内容还涉及出入境、治安、禁毒等公安机关业务部门。根据《中华人民共和国缔结条约程序法》的有关规定,以中华人民共和国政府部门名义谈判和签署属于本部门职权范围内事项的条约、协定的缔约程序如下。

第一,决定程序。以中华人民共和国政府部门名义谈判和签署属于本部门职权范围内事项的协定,由本部门决定或者本部门同外交部会商后决定;涉及重大问题或者涉及国务院其他有关部门职权范围的,由本部门或者本部门同国务院其他有关部门会商后，报请国务院决定。协定的中方草案由本部门审核决定，必要时同外交部会商。

第二，委派代表程序。以中华人民共和国政府部门名义缔结协定，由部门首长委派代表。代表的授权证书由部门首长签署。部门首长签署以本部门名义缔结的协定，各方约定出具全权证书的，全权证书可以由国务院总理签署，也可以由外交部部长签署。

第三，签署批准程序。我国法律规定以下条约和重要协定的批准由全国人民代表大会常务委员会决定：(1)友好合作条约、和平条约等政治性条约；(2)有关领土和划定边界的条约、协定；(3)有关司法协助、引渡的条约、协定；(4)同中华人民共和国法律有不同规定的条约、协定；(5)缔约各方议定须经批准的条约、协定；(6)其他须经批准的条约、协定。上述条约和重要协定签署后，由外交部或者国务院有关部门会同外交部，报请国务院审核；由国务院提请全国人民代表大会常务委员会决定批准；中华人民共和国主席根据全国人民代表大会常务委员会的决定予以批准。上述条约和重要协定以外的国务院规定须经核准或者缔约各方议定须经核准的协定和其他具有条约性质的文件签署后，由外交部或者国务院有关部门会同外交部，报请国务院核准。

无须全国人民代表大会常务委员会决定批准或者国务院核准的协定签署后，除以中华人民共和国政府部门名义缔结的协定由本部门送外交部登记外，其他协定由国务院有关部门报国务院备案。

二、我国签订双边条约的具体程序

(一)谈判

中外机动车驾驶证互认换领条约缔结工作的约文准备包括约文谈判、约文起草、约文议定与约文认证四方面的内容。

1. 谈判方式选择

缔结条约的先决条件,是缔约方之间展开谈判。谈判的作用是使各当事方就条约的核心内容达成一致,并在此基础上起草约文,进而完成最终的议定、认证,完成缔约程序。谈判是一个不断协调各方立场的过程,尤其是多边条约的谈判,谈判方式和技术的选择尤为重要。通过长期的国际实践,逐渐发展形成了两种较为有效的谈判方式:非正式会议和一揽子约定。

非正式会议没有正式的议事规则、不制作官方记录、不公开也没有观察员,使用的语言通常仅限于英语或法语等少数几种国际通用语言。非正式会议主要采取讨论会、工作小组会议或者利益集团内部协商会议等方式,确保只有真正关心具体问题的人士参会,同时也能保证参会人员自由发言而不必担心引发不良的国际影响。非正式会议作出决定一般通过协商一致的方式而不诉诸表决。对于缔约谈判中一方支持或反对某一条文的真正理由难以公之于众的情形,非正式会议可以保持相对宽松的谈判氛围,一方所持立场也不至失去转圜的余地。

一揽子约定是作为一种互相妥协的手段而出现的。缔约谈判过程中,要照顾到所有国家的关切往往是不可能的,每个国家在自身重大利益方面通常立场强硬,即使作出最大限度的让步,协议往往也无法达成。在这种情况下,一揽子约定要求每个国家都在某一方面作出让步,以换取在其他方面得到的好处,这种互相让步通常涉及多重交换,这种谈判方式也成了多边谈判中达成普遍协议的一种重要手段。一揽子交易所涉及的问题和利益往往紧密相连、不可分割,必须放在一起处理,这也是相互妥协的结果。

2. 约文谈判

约文谈判是双方开展中外驾驶证互认换领最为重要的环节,后续的约文起草和议定都要以此为基础。我国在对外开展中外

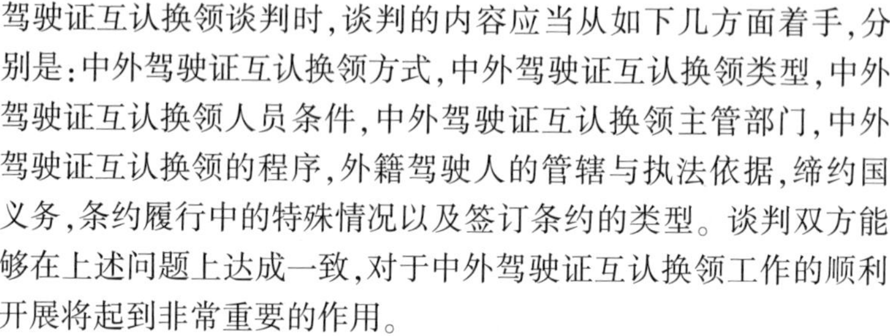

驾驶证互认换领谈判时，谈判的内容应当从如下几方面着手，分别是：中外驾驶证互认换领方式，中外驾驶证互认换领类型，中外驾驶证互认换领人员条件，中外驾驶证互认换领主管部门，中外驾驶证互认换领的程序，外籍驾驶人的管辖与执法依据，缔约国义务，条约履行中的特殊情况以及签订条约的类型。谈判双方能够在上述问题上达成一致，对于中外驾驶证互认换领工作的顺利开展将起到非常重要的作用。

3. 谈判内容

前文介绍了换领双方在开展中外驾驶证互认换领工作时的具体谈判内容。

结合目前我国开展的机动车驾驶证互认换领工作，适应我国现阶段驾驶证互认换领的方式是“广义的互认与驾驶证换领相结合”，即在认证某一国家驾驶证有效性的基础上，要求持证人员换领驾驶证后方可取得在该国的合法驾驶资格。在驾驶证互认换领谈判过程中，可能出现一些国家要求直接实现驾驶证互认的情况，对此我们应当表示：欢迎有意愿和中国开展机动车驾驶证互认换领的国家，但是为了从根本上保证双方国家的道路交通安全、保证国外驾驶证的真实有效，同时也为了保证基层道路交通安全工作的顺利开展，“换领驾驶证”是我国现阶段开展驾驶证互认换领工作的基本方式。

结合目前我国开展的机动车驾驶证互认换领工作，适应我国现阶段可以开放驾驶证互认换领类型是“小型汽车驾驶证”。中国同比利时的机动车驾驶证互认协议与中国同阿拉伯联合酋长国的驾驶证互认换领谅解备忘录中，换领的驾驶证类型也仅为小型汽车驾驶证。由于我国同部分国家对准驾车型的判断标准不同，带来了准驾车型对应上的困难，但是从便利国家间道路通行角度出发，实现受益群体最大化、使用效率最高的“小型车辆”驾驶证互认换领仍是可行的。

因此,现阶段我国互认换领驾驶证种类应当坚持的原则是:一是仅针对“小型车辆驾驶证”开展互认换领。二是对于准驾车型标准明显低于我国同类“小型车辆”的驾驶证不予互认换领。三是对于持有国外“大中型车辆”驾驶证的驾驶人,可以考虑在对等原则的基础上为其换领“小型车辆”驾驶证,以满足其驾驶需求。四是对于入境有驾驶大中型车辆需求的人员继续依照《临时入境机动车和驾驶人管理规定》进行管理。五是互认换领的驾驶证范围仅为一国正式驾驶证,不包括学习驾驶证、临时驾驶证及其他非正式驾驶证。六是我国大陆地区未加入《公约》,因此我国大陆地区不承认国际驾驶证的有效性。

开展中外驾驶证互认换领工作,应当明确互认换领人员条件,即为哪类人员互认换领驾驶证。基本原则是:驾驶证互认换领工作仅针对持有外国驾驶证的外国人,持外国驾驶证的本国人员不在互认换领范围之内。因此,我国在开展同某一国家的驾驶证互认换领工作时,应仅为持有该国驾驶证的非中国籍公民互认换领驾驶证。对于持有该国驾驶证的我国公民按照《机动车驾驶证申领和使用规定》第三十四条进行办理。按此原则,驾驶证互认换领人员条件主要涉及国籍、经常居所地、年龄条件和身体条件以及居留许可相关要求。

我国在与其他国家互认换领驾驶证时,有关换领人员年龄条件的要求应当包括:一是不为未年满 18 周岁的国外人员互认换领驾驶证。目前我国申请机动车驾驶证的最低年龄要求为:申请小型汽车、小型自动挡汽车、残疾人专用小型自动挡载客汽车、轻便摩托车准驾车型的,在 18 周岁以上,70 周岁以下。国外一些国家,如法国,申请和取得驾驶证时,驾驶人可未年满 18 周岁。为不满 18 周岁驾驶人互认换领驾驶证可能会带来后续刑事上与民事上的法律适用困难。二是如果放开大中型车辆驾驶证的互认换领,则对于大中型车辆驾驶人最低年龄限制尽可能与我国有关规定年龄保持一致，也可高于我国的年龄限制。目前我国同比利时、阿拉伯联合酋长国实现的驾驶证互认换领仅围绕小型汽车和小型自动挡汽车展开，并未涉及大中型车辆。这一方面是由于双方准驾车型存在对应上的困难，另一方面也是由于不同国家对不同准驾车型的申请年龄规定存在区别。随着中外驾驶证互认换领工作的进一步开展，大中型客货车驾驶证的互认换领也需要进一步研究。从现阶段驾驶证互认换领工作来看，为保证我国道路交通安全，持国外大中型车辆驾驶证在互认换领我国相应大中型车辆驾驶证时，应当尽可能使驾驶人年龄满足我国对于大中型客货车驾驶人年龄的最低要求。

我国对于中外驾驶证互认换领中身体条件的审查可以通过以下条款表述：一是在对方国家没有明确需要提交申请人提交身体证明时，双方可以在协议中通过概括性的表述"互认换领驾驶证的持有者应当满足对方国家关于申请驾驶证的身体条件要求"。二是在对方国家明确提出我国驾驶人互认换领对方驾驶证需要提交身体条件证明时，双方应当在协议中写明该身体条件证明出具的机构以及证明语言，必要时可以要求身体条件证明附相关翻译件。

我国应当要求互认换领驾驶证的人员提交合法居留证明。驾驶人在申请互认换领驾驶证材料时应当提交如签证等在内的合法居留证明文件，证明自己合法进入对方国家并作出相应停留。对于非法进入一国或无法提供证明自己合法进入对方国家的，不予进行驾驶证互认换领。

4. 中外驾驶证互认换领主管部门

驾驶证互认换领谈判应当明确负责驾驶证互认换领的主管部门。双方应当在谈判过程中确认互认换领主管部门的名称、地址及其他联系方式，并且明确要求在主管部门信息发生变化时及时通知对方。负责办理驾驶证互认换领的具体部门按照各自国

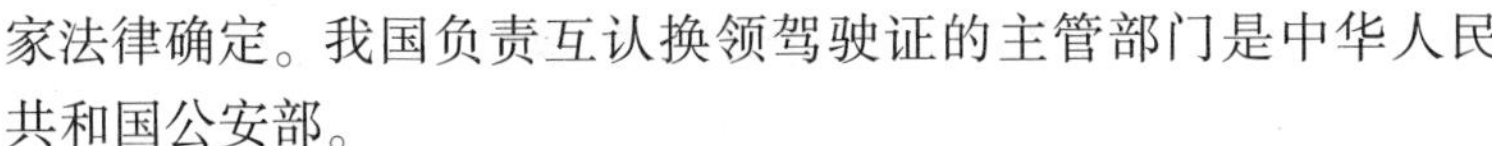

家法律确定。我国负责互认换领驾驶证的主管部门是中华人民共和国公安部。

5. 换领程序

开展中外机动车驾驶证互认换领程序应当从如下四个方面开展:一是按照协议驾驶证种类进行换领,二是申请人按要求提交换领驾驶证所需文件材料,三是有关部门核实提交材料真实性,四是驾驶证收存。申请人应当按照规定提交申请材料,有关部门应当在核实确认符合换领条件时予以换领。

第一,按照协议驾驶证种类进行换领。驾驶证互认换领程序的第一步是在双方协商的基础上确定互认换领的驾驶证类型,这也是开展互认换领工作的前提基础。

第二,按要求提交换领驾驶证所需文件材料。驾驶证互认换领程序的第二步是向驾驶证互认换领主管部门提交换领所需的文件材料,具体应当包括:按照官方模板填写的申请表、申请人的身份证明(护照)与接受申请方国家的居留许可、有效驾驶证原件、申请人照片、申请人精神和身体状况证明,此外可以同时要求申请人按要求提供上述材料相应的复印件。

申请人应当按照一国官方模板的格式填写换领驾驶证申请表,确保填写信息的真实性与准确性。外国人申请换领我国驾驶证,应当按照我国驾驶证换领申请表要求填写个人相关信息。

申请人应当提供本人的身份证明文件及接受申请方国家的居留许可。外国人申请换领我国驾驶证时,应当提交护照作为身份证明,同时应当提交签证等其他居留许可证明材料。换领我国驾驶证的外国人应当提交其入境时所持的护照或其他旅行证件、居(停)留有效证件,以及公安机关出具的住宿登记证明。

申请人应当提供其本国有效驾驶证,可同时要求其提交驾驶证翻译件。外国人申请换领我国驾驶证时应当提交其本国驾驶

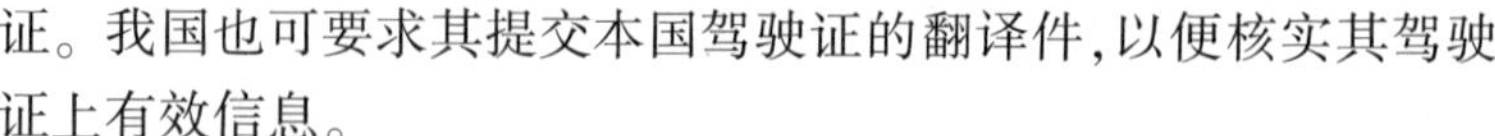

证。我国也可要求其提交本国驾驶证的翻译件,以便核实其驾驶证上有效信息。

申请人应当按照接受申请方要求提交申请人照片,申请方可以对照片数量,底色等内容作出具体规定。

申请人应当按照要求提交身体条件、精神条件证明。在谈判过程中对于身体条件证明和精神条件证明的出具机构应当加以明确。外国人申请换领我国驾驶证时,应当按照我国法律规定要求提交相应的身体、精神条件证明。

第三,核实提交材料真实性。驾驶证互认换领主管部门应当核实申请人提交上述材料的真实性;应当检查并核实申请人提交的申请表填写是否规范、信息是否准确;应当同出入境管理机构,核实申请人身份证明的真实性以及其在接受申请国居留许可的真实性;应当核实申请人有效驾驶证原件的真实性,审查申请人照片是否满足要求;还应当审查申请人是否按要求提交精神和身体状况证明。此外对于申请人随同提交的材料复印件也要进行审查确认。

第四,驾驶证收存。驾驶证互认换领中将涉及驾驶证收存问题。目前我国在已经实现的同比利时与阿拉伯联合酋长国的驾驶证互认工作中均未收存外国驾驶证。我国与阿拉伯联合酋长国的驾驶证互认换领谅解备忘录中,明确表示我方不收存阿拉伯联合酋长国驾驶证,阿拉伯联合酋长国方面可以收存我国驾驶证,但是在我国公民交还阿拉伯联合酋长国驾驶证时应当发还其中国驾驶证。

我国在驾驶证收存问题的协商上,可以首先考虑在对等原则的基础上要求双方均不收存对方驾驶证。如果对方国家坚持收存我国驾驶证,则我方可以表明立场:一是我方不收存外国驾驶证;二是允许外方收存我国驾驶证,但是在我国公民交还外国驾驶证时,外方应当无条件发还中国驾驶证;三是外方收存的驾驶

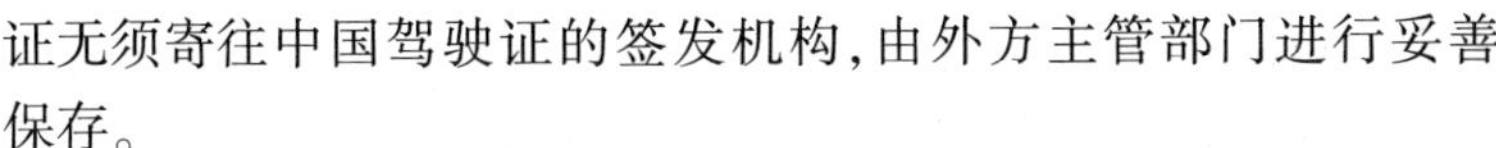

证无须寄往中国驾驶证的签发机构,由外方主管部门进行妥善保存。

6. 管辖与执法依据

驾驶证互认换领谈判中应当明确管辖与执法依据。外国人在进入一国参与交通活动,必将涉及一国的法律管辖与当地交通管理部门对其进行的执法管理,因此管辖与执法依据应当在协商过程中加以明确。

(1)管辖依据。

国家的管辖权是国家对特定的人、物和事件进行管理和处置的权利。它以国家主权为根据,又是国家主权的最直接体现。国家的管辖权分为属地管辖权、属人管辖权、保护性管辖权和普遍性管辖权。

属地管辖权是指国家对于其领土及领土内的一切人、物和事件,都有进行管辖的权利,除非国际法另有规定。它有两方面的含义:其一是以领土为对象,即国家对其领土各个部分及其资源的管辖权利;其二是以领土为范围,强调国家对其领土范围内的一切人、物或事件的管辖权利。

属人管辖是指国家对于具有其国籍的人,具有管辖的权利,无论他们是在其领土范围内还是领土范围外。除自然人外,国家行使属人管辖权的对象在不同程度上还包括具有该国国籍的法人,以及船舶、航空器或航天器等获得国籍的特定物。

保护性管辖权是指国家对于在其领土范围以外从事严重侵害该国或其公民重大利益行为的外国人进行管辖的权利。

普遍性管辖权是指对于危害国际安全与和平及全人类利益的某些国际犯罪行为,不论行为人国籍及行为发生地,各国都有进行管辖的权利。

我国在驾驶证互认换领中涉及的管辖权问题上应当选择属地管辖,即强调我国对进入我国领土范围内的一切人、物或事件享有管辖权利。我国对持外国驾驶证互认换领我国驾驶证的人员实行属地管辖原则。根据外交对等原则,在我方选择属地管辖之后,对方国家也将选择属地管辖对我方驾驶人实施管理。

(2)执法依据。

申请人依法换领我国驾驶证后,驾驶机动车上路行驶,将接受我国的道路交通安全管理部门的执法管理。对于此类持换领驾驶证的外国驾驶人适用何种法律进行执法管理,互认换领双方应当在协议中加以明确。

我国在驾驶证互认换领执法依据上应当选择依据“本国法律”进行管理,即“一方对另一方国家驾驶人在本国境内的驾驶行为违反法律法规的,依照本国法律法规进行处理”。换领我国驾驶证的外国人员,在我国驾驶机动车违反法律法规,将依照我国法律法规进行处理。根据外交对等原则,我国人员换领外国驾驶证后在外国驾驶机动车违反当地法律法规,将被依照当地法律法规进行处理。

7. 缔约国义务

结合目前我国开展的驾驶证互认换领工作,可以确定缔约国之间应当在谈判过程中明确各自的义务,包括:驾驶证真伪识别方法告知义务、驾驶证样式变更告知义务、驾驶证真伪协助审查义务以及驾驶证相关信息与技术保密义务。

(1)驾驶证真伪识别方法告知义务。

开展中外驾驶证互认换领工作,双方应当履行驾驶证真伪识别方法告知义务。一方主管部门应当通过外交渠道向对方主管部门提供国内有效驾驶证样本,并告知驾驶证真伪的识别方法。

(2)驾驶证样式变更告知义务。

开展中外驾驶证互认换领工作,双方应当履行驾驶证样式变更告知义务。一方更改纳入换领范围内的驾驶证样式时,应当及时通知另一方,并随书面通知附上驾驶证新样式的正式样本。任

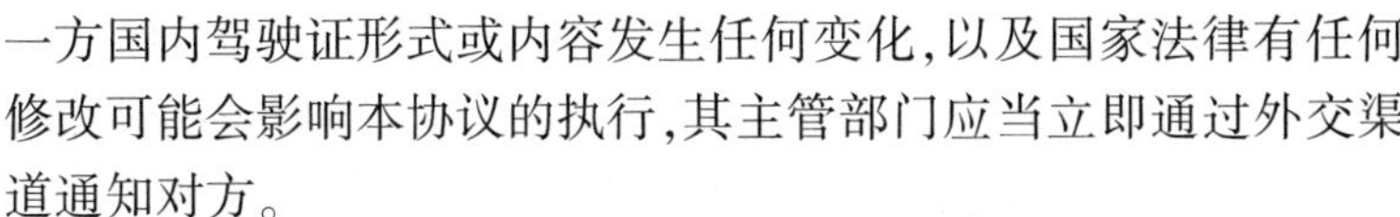

一方国内驾驶证形式或内容发生任何变化,以及国家法律有任何修改可能会影响本协议的执行,其主管部门应当立即通过外交渠道通知对方。

(3)驾驶证真伪协助审查义务。

开展中外驾驶证互认换领工作,双方应当履行驾驶证真伪协助审查义务。一方在办理驾驶证互认换领业务时,如对外国驾驶证的真伪性存在疑问,负责办理换领手续的有关单位可以通过外交途径,要求驾驶证签发机构协助确定驾驶证内容的真实性。收到协助审查要求的机构应当及时审查驾驶证的真伪,并以书面或其他渠道尽快作出相应回复。

(4)驾驶证相关信息与技术保密义务。

开展中外驾驶证互认换领工作,双方应当严格履行驾驶证相关信息和技术保密义务。驾驶证相关信息和技术涉及缔约国的国家秘密与国家安全,协议双方应当严格保密。双方应当明确约定"一方有义务对另一方提供的机动车驾驶证方面的技术和信息保密,此保密义务不因本协议可能的终止而终止。"

8. 条约履行中的特殊情况

驾驶证互认换领谈判过程中应当提前对条约履行时出现的特殊情况作出约定,其中应当重点关注条约的解释、修订、中止实施、终止以及争端解决方式五方面的内容。

(1)条约的解释。

根据《维也纳条约法公约》第三十一条第1款规定,条约应就其用语按照上下文并参照其目的和宗旨所具有的通常意义,善意地予以解释。根据这一规定,解释条约应遵循三个原则:按照善意的原则进行解释、应推定条约用语具有通常意义、条约用语的通常意义应当按照用语的上下文并参考条约的目的和宗旨加以决定。

(2)条约的修订。

条约的修订是指条约涉及当事方在缔结条约后,在该条约的

有效期内全部或部分改变条约规定的行为。条约的修订基本规则是“条约可以通过缔约国之间的协定而得到修订”。只要条约允许或者没有禁止,条约的两个或者更多缔约国可以在彼此之间对条约进行修订。在条约没有明确禁止这种修改行为时,条约修正案既不能影响其他缔约国在该条约下的权利与义务,也不能妨碍条约宗旨和目的的实现。条约的修订应当准许:解释原则、善意原则、推定用于通常意义原则以及考虑条约目的和宗旨原则。缔约国可以在条约中单独约定条约修订的生效时间,缔约方可以约定“由缔约国所同意的本协议的修正或修改应该在通过换文予以确认时生效。”

(3)条约的暂停实施。

条约的暂停实施也称为条约的中止。开展中外驾驶证互认换领,双方应当约定条约的中止情况。中外驾驶证互认换领工作的开展中可能会面临条约的中止,特别是当涉及国家安全、国家利益与公共秩序方面时,协议可能会出现中止的情况。任一方提出条约适用中止时,条约并不当然中止。双方应当提前约定条约中止的生效时间。

因此,我国可以在协议中约定“一方有权因国家安全、国家利益、公共秩序、公共健康等原因暂时中止执行本协议的全部或者部分条款,中止行为自一方通过外交途径书面告知另一方时即刻生效。”

(4)条约的终止。

条约的终止是指在国际法律程序中,该条约终止存在,即不再具有约束力。当缔结情况发生根本性的变化后,在一定条件下,缔约国可以主张终止条约。缔约情况发生根本性的变化包括:缔结时的情势发生了不可预见的根本性变化、缔结时情势构成当事国同意受条约拘束的必要根据、情势变迁的效果将根本改变依条约尚待履行的义务范围。

驾驶证互认换领过程中缔约国可能会由于“情势变更”而产生条约适用的终止,因此,我国可以在协议中与缔约国约定“任何一方可以终止本协议,但是应当提前一个月通过外交途径通知对方。”

(5)条约的争端解决。

开展中外驾驶证互认换领工作,双方应当协商确定条约的争端解决机制。驾驶证互认换领过程中的争议包含:条款解释上的争议、具体执行上的争议以及实施过程中遇到的争议。面对上述争议,缔约方应当通过外交途径加以解决。针对条款解释的争议,适用条约解释的相关原则,从文本解释、善意解释和原则性解释对条款进行具体解释。针对具体执行上的和实施过程中的争议,应当通过外交途径协商解决。

因此,我国可以在协议中约定“双方应当通过外交渠道以协商的方式解决所有因解释或执行本协议而引发的争议。”

9. 协商条约名称

开展中外驾驶证互认换领工作,双方应当协商确定签订条约的名称。前文中已经谈到条约的类型包括:条约、协议、宪章、公约、协定、议定书、换文、宣言、联合公报和谅解备忘录。目前我国签订的驾驶证互认换领协议的形式多为协议(协定)或者谅解备忘录。

(二)约文起草与议定

1. 约文起草

各方经过谈判就主要问题初步达成一致后,便是约文起草阶段了。约文起草按照双边条约和多边条约,通常通过不同的方式进行。

(1)双边条约起草。

双边条约的起草相对灵活一些,一般是以一方或双方各自提交的方案作为谈判的基础，然后再协商确定约文的内容。实践中，为提高工作效率，通常由双方共同设立一个起草小组，负责约文的起草工作，有时也可以由第三国负责起草约文，比如缔约双方并没有建立外交关系。

(2)多边条约起草。

多边条约的起草一般由专门的国际机构来承担。如果完成缔约的国际会议是由国际机构组织召集的，那么这一机构通常即为内部编纂部门，负责起草该国际会议涉及的多边条约、公约。多边条约会议上，各方主要是针对约文草案展开谈判，因此，约文起草工作通常应该在会议召开前完成。多边条约会议有时也会设起草委员会，但其主要职能并非起草全部约文，而是审查和协调约文草案，同时对各方认可的条文完成润色工作。

目前，我国开展的驾驶证互认换领工作是以一方或者双方提交的文案为基础，再通过协商确定条文。虽然这种方式较为费时，但是这种方式较为灵活，易于直接转达双方的意见、建议。

2. 约文条款

条约一般由序言、正文和结尾三个部分组成。中外驾驶证互认换领条约的约文通常应当包含如下部分：序言、总则、主管部门、互认与换领程序、语言、与其他国际条约的关系、争议解决、协议生效、修改、中止和终止、收存、驾驶证真伪、执法依据、保密条款。

序言有一定的格式，通常载明条约当事国的国名、特命全权代表的姓名和缔结条约的目的与遵循的原则。国家间缔结有关驾驶证互认换领条约的序言应当写明当事国国名、代表机构名称、缔结条约目的以及应当遵守的原则。

正文是条约的主要组成部分，是有关缔约各方权利、义务的具体规定，是实质性条款部分。正文应当将双方在谈判过程中涉及的内容转为文字表示，以督促双方加以遵守。中外驾驶证互认换领协议中应当包括总则条款，驾驶证条款、驾驶人管理、主管部门、互认换领程序、缔约国义务、条约履行特殊情况以及条约的语言选择。

具体地，总则条款中应当包含认证原则、换领原则及法律适用原则。驾驶证条款中应当包含互认换领驾驶证的种类、不予互认换领的驾驶证种类。驾驶人管理应当包括申请互认换领驾驶证的人员资格、不为某类人员互认换领驾驶证、驾驶人接受管理的法律依据及相关兜底性条款。互认换领程序应当包括互认换领原则及所需提交的材料及驾驶证收存。缔约国义务应当包括驾驶证真伪识别告知方法义务、驾驶证样式变更告知义务、驾驶证真伪协助审查义务与驾驶证相关信息与技术保密义务。条约履行特殊情况是指双方应当将条约旅行中遇到的特殊情况在约文中写明，包括：条约的解释、条约的修订、条约的暂停实施、条约的终止与条约的争端解决机制。条约的语言选择是指双方应当在约文中约定使用的语言，既包括双方主管部门约文中适用的语言，也包括通过外交渠道沟通中使用的语言。双方可以约定适用的语言为官方语言和英语。

结尾包括条约的生效期、有效期、延长或废止的程序、份数、条约使用的文字等内容，还有签订条约的地点和各方代表的签名。

3. 约文议定

拟定的条约草案在各方认证以前，需进行最后议定，其目的是明确缔结条约的内容和形式，供各方认证和签署。最后议定作为约文起草的延续和最后阶段，各方代表应关注并确认自身利益诉求和谈判过程中表达的意见，已在条约修改中得到体现。双边条约的议定方式相对简单，双方谈判代表共同表示同意即可；多边条约的议定方式较为复杂，从实践来看，主要包括以下三种。

(1)全体一致原则。

“全体一致”是多边条约的约文议定的传统规则，要求条约文

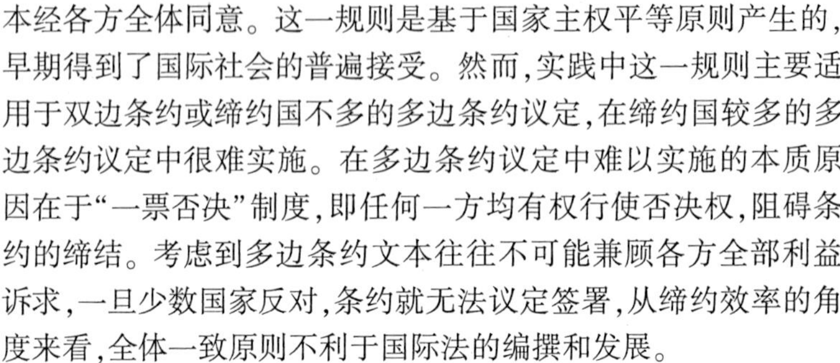

本经各方全体同意。这一规则是基于国家主权平等原则产生的，早期得到了国际社会的普遍接受。然而，实践中这一规则主要适用于双边条约或缔约国不多的多边条约议定，在缔约国较多的多边条约议定中很难实施。在多边条约议定中难以实施的本质原因在于“一票否决”制度，即任何一方均有权行使否决权，阻碍条约的缔结。考虑到多边条约文本往往不可能兼顾各方全部利益诉求，一旦少数国家反对，条约就无法议定签署，从缔约效率的角度来看，全体一致原则不利于国际法的编撰和发展。

（2）多数同意原则。

“多数同意”规则主要适用于国际会议或国际组织内部起草的条约的约文议定，是解决“全体一致”原则在实践中效率低下的替代性原则。《维也纳条约法公约》规定：“国际会议议定之约文应以出席及参加表决国家三分之二多数之表决为之，但此等国家以同样多数决定适用另一规则者不在此限。”这一规定并未排除其他议定原则的适用空间，但其他原则的适用前提同样是三分之二多数表决通过。实际上，此规定最初提交的内容并非最终文本，三分之二国家最初指的是“参加会议的国家”，与会各国对于“参加会议”的表述表示了异议，认为措辞模糊，不符合一般实践，最终修改为“出席及参加表决”。此规定的表决通过，意味着“多数同意”已成为普遍性多边条约约文议定的一般规则。

（3）协商一致原则。

“协商一致”规则的应用和发展是国际关系发展的历史产物，也是解决“多数同意”规则的替代性方案。随着亚非拉国家的纷纷独立，发达国家在数量上成为少数派，1969年《维也纳条约法公约》提出，“多数同意”规则在实践中经常由于发达国家处于少数的客观事实，影响多边条约的议定和签署。另外，一些重要的多边条约由于缺少了发达国家的参与，往往流于形式，无法真正发挥作用。所谓“协商一致”规则，是指约文议定时不经过表决程序，而是由各方通过谈判取得基本一致。所谓“基本一致”，并非必须各方均表示同意，只要没有正式的反对即可。“协商一致”规则并非“全体一致”，国家即使不能投赞成票也可参加协商一致，协商一致时也可以进行象征性的投票，类似民意测试。协商一致规则实际上反映的是谈判各方的真实地缘政治力量，但由于未经表决程序，反对力量往往无法得到充分表达。从实践上看，在多边条约约文议定中适用较广的仍然是“多数同意”规则。

目前我国开展的驾驶证互认换领工作中有关约文认定的情况仅涉及双方国家，并未出现多边条约签署的情况。因此，我国负责机构与代表应重点关注自身利益诉求和谈判过程中表达的意见，确认约文修改体现了相关内容。对于双边条约的议定确认相对简单，即双方谈判代表共同表示同意即可。

（三）同意承受约束

一般情况下，双边条约自缔约双方签署之日起，多边条约自开放签署之日起视为已经订立，通常以这个时间作为条约的日期。然而，此时缔约程序尚未完成，条约能否产生法律效力，最终还取决于谈判各方是否同意承受条约约束。

1. 约文认证

约文拟定后须予以认证。约文的认证是各方最后确认议定的约文准确无误，可以作为作准文本，以便各方据此作出决定是否签署或批准的规定程序。认证约文并不代表各谈判方同意承受条约约束，仅仅是在条约签署前最后一次审查约文内容是否正确反映各方谈判成果的检查机会。约文经过认证以后，原则上不再改动，任何一方需要更改约文都必须经过其他各方的同意，更改后的约文则需要再一次认证。

约文的认证可以按照条约约文所规定的程序，或按照参加起草条约约文的各国所约定的程序，一般有：草签、暂签和签署。

(1)草签。

草签是谈判代表将姓名的首字母签于条约之下(我国的做法是将代表的姓氏签于其下),对重要的条约往往还附以拉丁文“不再更改”字样。通常来说,草签仅起认证约文之用,而非条约缔结的必经程序。这种方式一般用于双边条约和有限性多边条约,或者缔约谈判结束后过一段时间才对条约进行签署的情形。

(2)暂签。

暂签又称待准之签署,是一种不完全的签署。如果谈判代表的全权证书仅授权其做这样的签署,那么在得到本国确认之前,暂签只具有认证约文的效力。在经过本国确认后,可获得与签署一样的效果。

(3)签署。

签署,是指完全同意签署(full signature),它既可以用来认证约文,也可以用来承认条约约束。在缔约过程中,签署究竟产生哪种效果,需要结合缔约方的单方面声明或各缔约方的约定进行判断。

约文认证是约文准备的最后阶段,经过这一程序,确定的条约文本得以产生,并成为谈判各方进行后续行为的基础,在缔约国程序中,无论它表现为一个独立的步骤,还是与其他步骤结合在一起,它都是缔结条约不可或缺的一个重要环节。

签署是指有权签署的人将其姓名签于条约约文之下。签署具有对约文认证的作用。此外,根据条约本身的规定或有关各方的约定,签署在不同情况下可以有不同的法律意义:如果经条约规定或各有关方约定,签署意味着签字国同意受条约的拘束,即具有认证和接受拘束的双重意义。如果对规定或约定需要批准的条约,签署除表示对约文的认证外,还含有签署者代表的国家初步同意缔结该条约的意思,虽然该条约对于该国尚无法律拘束力,但该国签署之后不应作出有损条约目的和宗旨的行动。若签署国日后明确表示不予批准,则该签署只具有认证的作用。

2. 批准

批准是一国准确地表达该国同意承受条约约束的一种方式。批准可以有两种解释,一是国内的批准,即立法机关对条约作出的认可。二是国际意义上的批准,即一国将统一接受条约约束的意思通知缔约各方或条约的保管机关。

3. 接受与核准

接受和核准是统一接受条约约束的一种新的方式,在法律效果上,它们与批准并无不同,只不过在国内程序上稍有差异。批准由一国立法机关进行,而接受和核准则由一国政府进行,其目的是便利条约的缔结,减少因立法机关的参与而带来的迟缓。接受、核准与批准在很大程度上只是用语差别,在国际层面上的适用规则相同。

第2节 加入《公约》

加入《公约》是我国参与国际道路交通规则统一化工作的重要方式。我国应结合加入程序和我国缔结条约相关法律法规的要求,重点分析加入《公约》的具体情况。

一、加入《公约》面临的问题

近几年,随着我国"走出去"战略、"一带一路"倡议的实施,我国出境人员和外国来华人员越来越多,双方人员境外驾驶机动车的需求也越来越大,国际陆路交通运输业亦日益发展壮大。因此,加入《公约》,不仅有利于满足出入境人员在境外驾驶机动车的需要,还有利于促进国际贸易的往来和资源的调配。

通过梳理、分析发现,在道路交通基本概念、驾驶许可条件和制度、机动车技术标准等方面,我国道路交通安全法律法规与《公

约》的规定基本一致。然而,在将《公约》具体转化为国内法律层面要求时,仍需在道路通行条件、通行规则、驾驶人管理、出入境车辆管理等方面,进行深入论证、合理对接。

首先,需要解决道路通行条件与《公约》的对接问题。一是标志标线对接问题。我国《道路交通标志标线》(GB 5768)中警示标志、禁令标志等标志的颜色、图案与《公约》存在一定差异性,指路标志的汉语拼音标注与《公约》规定的英文标注不一致,建议对上述标准进行适当修订。二是信号灯设置问题。为进一步与国际接轨,建议借鉴美国、德国、英国等西方国家的做法,细化修订我国道路交通信号灯在视认性、信号配时、相位相序设计等方面的设置规范。

其次,需要解决通行规则与《公约》的对接问题。一是入境车辆道路通行规则问题。建议根据入境车辆车型、功能等方面差异,完善我国入境车辆道路通行规则与相关要求。二是机动车让行问题。建议进一步细化我国法律法规在机动车让行机动车、让行行人和非机动车等方面的内容,并完善配套交通管理设施设置标准。三是分心驾驶问题。《公约》规定,应尽量减少一切非驾驶动作,应禁止驾驶人在车辆行进中使用手提电话。目前,我国仅在行政法规和地方性法规中对接听手持电话、观看电视等妨碍安全驾驶的行为作出禁止性规定,建议我国从法律层面作出上述规定。四是临时交通管理措施外文版公告问题。建议增加限制通行、禁止通行等临时交通管理措施社会公告的英文版。

再次,解决出入境驾驶人管理与《公约》的对接问题。一是国内驾驶证对接问题。目前,我国驾驶证规定的样式与记载的信息,与《公约》附件六有关国内驾驶证的规定,存在一定差异,建议以《公约》给出的样式为标准进行修改。二是国际驾驶证的核准与发放问题。根据《公约》的规定,缔约国之间通过国际驾驶证可完成驾驶证互认。目前,我国并没有国际驾驶证的核准与发放机制，建议建立完善的国际驾驶证核准与发放机制。

最后，需要解决出入境车辆管理与《公约》的对接问题。一是准驾车型的划分标准问题。我国以排量、速度、座位数作为准驾车型的划分标准，《公约》以质量和座位数为划分标准，建议适当修改我国准驾车型的划分标准。二是出境车辆条件问题。根据《公约》附件二、三、四、五的要求，建议修改我国出境汽车及挂车的登记号码、国别标志、识别标志、技术条件，使之与《公约》规定相符。三是挂车和轻便摩托车的准入条件问题。《公约》第三章和第五章分别规定了准许挂车和轻便摩托车进入国际交通的条件，建议我国补充关于境外挂车、轻便摩托车入境条件的规定。

二、加入《公约》的程序规则

《公约》对于缔约国加入的程序要求，规定在最后条款之中。我国需要按照《公约》的加入程序与《中华人民共和国缔结条约程序法》的规定申请加入，具体程序是：一是外交部会同有关部门对我国申请加入《公约》进行审查并提出建议。二是报请国务院批准。三是国务院提请全国人大常委会作出批准和加入的决定。四是向联合国秘书长提交中华人民共和国主席签署并由外交部部长签署的批准书。

除上述签订基本程序外，根据《公约》的要求，以下几方面是我国在加入《公约》时应当重点关注和确定的程序要求。

第一，我国需要明确《公约》的国内适用范围。缔约国应当声明本公约将适用于本国负责外交关系的所有领土和部分领土。我国应当在全国人大常委会作出批准加入决定之后，向联合国秘书长通知《公约》适用领土范围的时间。由于历史原因，目前我国香港和澳门地区均已经加入《公约》，我国台湾地区也承认国际驾驶证的有效性，因此，我国可以仅声明大陆地区加入并适用《公约》，对于我国香港和澳门地区，《公约》继续适用。对于我国台湾

地区,一并宣布或提出保留应当结合具体情况另作分析。

第二,根据《公约》的生效要求确定条约是否以及何时对我国生效。多边条约的生效方式有四种:一是自全体缔约国批准或缔约国明确表示同意接受条约拘束之日起生效。二是自一定数目的国家交存批准书或加入书之日或若干时间生效。三是自一定数目的国家,其中包括某些特定的国家提批准书生效。四是以特定时间的发生作为条约生效的条件。《公约》作为多边条约,生效时间采取"自一定数目的国家交存批准书或加入书之日或若干时间生效"的方式。具体的为第十五件批准书或加入书交存之日起的 12 个月生效。对于之后提交的国家,在该国交存批准书或加入书之日起 12 个月后生效。我国即属于之后提交的国家,也因此存在 12 个月的对接内容缓冲期。

第三,确定是否采纳《公约》对修正案的规定。《公约》第四十九条对公约修正案作出规定。如果我国申请加入《公约》,需要按照《公约》要求确定对每次修正案内容是否采纳作出相应程序上的明确表示。

第四十九条第 1 款赋予各个缔约国提出修正案的权利。缔约国在《公约》生效一年后可以提出一项或多项修正案,修正案应当附有简要说明并且提交秘书长,并且由秘书长转达给全部缔约国。收到通知后,其他缔约国可以在接收之日起 12 个月内作出如下三种表示:一是接收修正案。二是拒绝修正案。三是提出希望召开会议审议修正案。如果需要召开会议审议修正案,则应当由秘书长将需要拟议的修正案分发给全部缔约国。

第四十九条第 2 款规定,对于修正案的结果,秘书长有义务将其得到接受或遭到拒绝,以及要求召开会议的请求,逐一通知所有缔约国。缔约国有 12 个月的时间以明确其对修正案的是否采纳决定。《公约》规定:一是如果对于秘书长转达的修正案在 12 个月期间内仅有不足缔约国总数三分之一的国家表示拒绝修正案,则该修正案被视为得到接受。二是如果对于秘书长转达的修正案在12个月期间仅有不足缔约国总数三分之一的国家表示希望召开会议审议修正案,则该修正案被视为得到接受。三是如果对于秘书长转达的修正案在12个月期间拒绝接受和希望召开会议审议的国家总数不足缔约国总数的三分之一时,则该修正案被视为得到接受。上述情况下,《公约》修正案生效。秘书长应当将公约生效的情况转达所有缔约国。

《公约》修正案生效产生如下效力:一是《公约》修正案在分发之日起12个月的意见反馈到期之日起的6个月后开始生效。二是《公约》修正案仅对意见反馈接受修正案的国家生效。三是对于拒绝修正案和希望召开会议审议修正案的国家,《公约》修正案不生效。对于在联合国秘书长传达修正案12个月内曾经作出拒绝接受修正案或者提出召开会议审议修正案的缔约国,可以在12个月结束后的任何时间,以通知的形式表示接受修正案,缔约国将其接受修正案的通知告知秘书长,由秘书长将该国接受修正案的情况转达给各个缔约国。该修正案自秘书长收到该国通知书之日起6个月后生效。

第四十九条第3款规定了秘书长召开修正案审议会议的要求。《公约》修正案未获接受的情况有如下三种:一是对于秘书长转达的修正案在12个月期间内有缔约国总数三分之一以上(含三分之一本数)的国家表示拒绝修正案。二是对于秘书长转达的修正案在12个月期间内有缔约国总数三分之一以上(含三分之一本数)的国家表示希望召开会议审议修正案。三是对于秘书长转达的修正案在12个月期间内提出拒绝修正案和希望召开会议审议修正案的国家总数为缔约国总数的三分之一以上(含三分之一本数)。当《公约》修正案不被接受时,如果在提交反馈的12个月时间内,有不到缔约国总数二分之一的国家表示拒绝接受修正案,并且有不少于10个以上的缔约国且占缔约国总数三分之一以上数目的国家提出希望召开会议审议修正案,则秘书长应当在此情况下召开审议会议,对修正案进行讨论。

第四十九条第4款要求,根据第3款召开的修正案审议会议,秘书长应当邀请全部缔约国家参加,并请缔约国在审议会议开幕前6个月将希望一并审议的修正案提交上来,并在开幕前将缔约国提交的全部议案发放给与会全部国家。第5款内容中召开修正案审议会议通过修正案的标准是与会缔约国数量占总数的三分之二以上,这与前述条款中三分之一的计算基数不同。以审议会议通过的修正案原则上对所有缔约国生效,但是如果在这12个月期间,有国家明确向秘书长以通知形式表示拒绝接受修正案,则对该缔约国不发生效力。且在审议会议中该缔约国是否同意修正案,不影响其事后对修正案的否定。在秘书长发出通知之日起12个月内,表示拒绝接受修正案的缔约国可以随时以通知的形式向秘书长表示接受该修正案,并由秘书长将其接受的通知转达给其他缔约国家。该修正案生效日期为秘书长收到通知书之日起6个月后或者秘书长发出通知日起12个月内,以时间在后的为对该缔约国的修正案生效日期。

第四,应当遵循《公约》的退出与失效规定。《公约》第五十条规定了缔约国的退出权。任何缔约国均可以在加入后,以向秘书长提交书面通知的方式声明退出。退约声明自秘书长收到通知之日起1年后生效。《公约》第五十一条规定,本公约的失效条件为连续12个月缔约国总数少于5个,目前《公约》并未出现过此种情况。

第3节　中外驾驶证互认与我国道路交通法律体系完善

发达国家道路交通立法起步较早。随着各国道路交通事业的发展，以及对道路交通安全问题认识的日益加深，欧美发达国家于20世纪60～70年代开始，纷纷加大道路交通安全立法力度，出台了一系列道路交通安全法律法规，为加强道路交通安全管理提供了强有力的法律支持与保障。

发达国家的道路交通安全法十分完善。从体系上看，基本上都有《道路交通安全法》龙头法典，道路通行规则、机动车安全法、停车场法等配套法规，以及交通工程设计手册、公路设计规范等技术标准与规范，形成了以综合性的交通安全法为龙头，以配套法规为主体，以技术标准与规范为补充的道路交通安全法律法规体系。从内容上看，对于人、车、路、环境等相关因素的规定比较健全，特别是针对弱势人群的交通安全需求，交通安全法中都有专项内容，使得道路交通安全法中的因素比较齐备；同时，单行法规内容涵盖也非常广泛，只要道路交通安全中出现新问题，法规中都能及时地体现出来，并调整过时的内容。

以美国为例，涉及道路交通安全的法规主要有：道路交通法；联邦资助公路法、机动车运输法、车辆和交通法、国家交通和汽车安全法、国家公路安全法、交通法庭组织法；交通警察服务守则；驾驶员教育规定；行人安全教育规定；汽车驾驶执照规定；学生安全驾驶规章；紧急医疗服务制度；机动车辆注册法；机动车辆定期检验法；摩托车安全行驶规定；公路设计、修建与维修制度；交通工程服务规定；交通资料记录法；交通事故调查与报告规定；交通事故地点的鉴别与监护；饮酒与交通安全关系法；汽车废气与废渣的控制与清除规定等，种类多、内容广、体系全。

道路交通安全是一个世界性问题。纵观发达国家对道路交通安全问题的认识，其也经过了一个逐步转变的过程。美国、加拿大、英国、德国、日本等发达国家，于20世纪初开始进入机动化时代，在道路交通机动化的初级阶段，汽车的大量普及应用，极大地促进了经济的发展，同时也带来了道路交通事故频发的问题。

特别是从20世纪50~60年代起,发达国家经历了经济高速发展、交通安全状况严重恶化的时期,交通事故死亡人数急剧上升,已经到了让人难以接受的程度。于是各国痛定思痛,纷纷重新审视道路交通安全问题的重要性,改变了被动和无所作为的态度,调整了交通安全管理模式,颁布了一系列道路交通安全法律法规,制定了交通安全行动计划,采取综合性的应对措施,对道路交通事故进行了综合治理。20世纪70年代初,这些措施开始见效,道路交通事故的死亡率大幅度降低,道路交通安全状况得到了有效改善。其中,以美国、日本最为典型,美国、日本道路交通事故分别于20世纪60年代中期步入上升期,并于70年代初达到最高值,美国交通事故死亡人数峰值出现在1972年,为54589人,日本则出现在1970年,为16765人,随后两国相继采取一系列措施,完善道路交通安全立法,改善道路交通安全设施,从而使得本国道路交通死亡人数逐年下降,到80年代初,美国道路交通事故死亡人数就降到4.2万人左右,比最高峰下降23%,日本也降到7000人左右,比最高峰减少58%。

目前,发达国家都十分重视道路交通安全工作,普遍建立了健全的道路交通安全法律法规体系,开发应用了高效透明的交通事故统计系统,形成了完整的道路交通安全科研体系和专门的政府交通安全管理部门,建立了跨部门的道路交通安全合作机制,形成了较为完备的道路交通安全管理支持体系。毫无疑问,健全的道路交通安全法律法规体系,是道路交通安全管理支持体系中最重要的一个环节。

一、我国道路交通法律体系的现状和问题

自2004年5月1日《道路交通安全法》实施以来,我国经过十多年的立法建设,基本建立了以《道路交通安全法》为龙头,以《道路交通安全法实施条例》为主体,以《机动车登记规定》《机动

车驾驶证申领和使用规定》《道路交通安全违法行为处理程序规定》《道路交通事故处理程序规定》等部门规章为支撑，以《机动车登记工作规范》《机动车驾驶证业务工作规范》等工作规范、技术标准以及地方性交通安全法规规章为补充的较为完备的道路交通安全管理法律法规体系，并在道路交通管理实践中发挥了积极作用，保持了道路交通安全形势总体稳定，推动文明交通良好风尚的逐步形成。

但是，随着道路、交通参与者的井喷式增长，新情况、新问题不断出现，相关制度、机制、手段的滞后性逐渐显现，我国道路交通安全法律体系逐渐暴露出一些问题和不足之处，与发达国家仍然存在一定差距。具体地，《道路交通安全法》出台以后，配套法规完善相对滞后，在交通管理和执法过程中出现很多“空档”。如燃油助力车、电动三轮四轮车、老年代步车等不符合国家安全标准的车辆非法生产、非法销售、非法挂牌上路行驶问题；如为变形拖拉机非法挂牌、非法上路运输的问题；如国省道交通信号灯建设的问题；对危险化学品运输违法车辆查扣后的停放、卸载、移交问题等。

二、我国道路交通法律体系完善的具体建议

在国际道路交通规则统一化的大背景下，在梳理和对比了我国道路交通法律法规与《公约》的基础上，现对进一步完善我国道路交通法律体系提出如下意见和建议。

第一，在结构上，道路交通安全法律体系应根据各项道路交通安全法律制度构成一个较为完整的体系。道路交通管理是一项系统性工程，涉及公安、交通运输、建设等多个部门，涉及车辆生产、驾驶培训、道路经营等多个行业，涉及道路规划设计、车辆生产销售、通行秩序管理等多个管理环节，工作综合性强，仅靠公安交通管理部门路面管理成效有限。因此，需要进一步健全“政

府主导、单位落实、公众积极参与”的综合治理模式的法治保障，紧紧依靠党委力量“总揽全局、协调各方”，充分发挥各部门、各地区、各单位合力，敢于、勇于直面尖锐问题、解决突出问题；建立各级领导逐级负责的工作责任制，坚持各级总动员、总部署、总推进，坚持一级抓一级、层层抓落实，切实将城市交通发展和管理各项措施落到实处；突出各部门的道路交通管理属地责任，做到“守土有责、守土负责、守土尽责”。相信在党委政府领导下，依靠法治力量，一定能够驾驭复杂的道路交通发展局面，集中力量办成大事、办好大事。

第二，在内容上，应当吸收国际先进经验，尽可能将道路交通活动中可能遇到的各种情况都能纳入现行道路交通安全法律法规中，寓教育于守法。具体来说，应该包括以下几个方面的内容。一是道路交通管理规定：主要有政府在道路交通管理中的职责、道路交通管理机关的设置与职责、道路交通安全工作的原则等。二是车辆管理规定：包括机动车与非机动车管理，主要有车辆登记制度、车辆检验与报废制度、车辆制造、改装的监督制度、车辆保险制度等。三是驾驶员管理规定：主要有机动车驾驶证制度、驾驶证的申领、考试、核发、驾驶人的身体条件、驾驶培训监督与管理等。四是道路通行规定：主要有交通信号的种类与使用、各行其道、通行速度、车辆装载、特殊道路通行规定、灯光使用、驾驶行为、特种车辆通行规定、行人及乘车人通行、高速公路特别规定等。五是道路交通事故处理规定：主要有交通事故现场处理、事故勘查、事故责任认定、事故调解与赔偿、民事诉讼等。六是道路设施规定：主要有道路设施的作用、道路护栏、交通标志与标线的种类、含义、使用及其设置。七是道路交通违法处罚规定：主要有执法监督、违法责任、处罚种类、处罚程序等。

第三，在立法原则上，将“以人为本”的理念贯穿至道路交通立法始终。发达国家道路交通安全法规充分体现了“以人为本”

的理念。在各国道路交通安全法规体系框架中,用路者的权利保障得到充分体现。当用路者在道路上时,法律视其为消费方,出现安全问题后,法律以保护消费方权益为根本,充分体现了"以人为本"的理念。这一理念在法律中的体现与运作,极大地促进了道路建设和管理方的交通安全意识,促进了道路交通安全法律法规自身的不断发展。相比之下,我国道路交通安全立法的理念存在一定片面性,传统的道路交通安全治理思想以控制驾驶人的行为为中心,把驾驶人视为道路交通安全责任的主要承担者,强调对驾驶人的教育、管理和惩治。在这种思想的支配下,我国的道路交通安全立法对道路、车辆、环境等因素的专门考虑明显不足,导致了我国的道路交通安全立法存在较大的片面性和局限性。

第四,在制度建设上,需要进一步完善道路交通安全有关法律法规和制度建设。研究建立科学的道路交通安全工作评估机制,从制度、机制、措施、效果等方面科学设置考核指标,全面、科学、客观地评价工作成效。将公民交通违法行为纳入国家征信体系,提高公民遵守交通安全法律法规的自觉性。对酒后驾驶、假牌假证、驾驶机动车高速竞逐、客车超员等严重交通违法行为,研究增加拘留处罚措施,提高财产罚、资格罚幅度。做好法律之间的衔接,明确各级政府和职能部门的监管责任、厘清执法边界。建立健全民警维权保护机制,加强对民警合法权益的保护。

参 考 文 献

[1] 杨钧. 部分国家和地区机动车与驾驶人管理研究[M]. 北京:机械工业出版社,2009.

[2] 杨钧. 不同国家和地区道路交通立法研究[M]. 北京:机械工业出版社,2009.

[3] 朱文奇,李强. 国际条约法[M]. 北京:中国人民大学出版社,2008.

[4] 贾兵兵. 国际公法:和平时期的解释与适用[M]. 北京:清华大学出版社,2015.

[5] 刘玉龙. 国际条约与世界秩序[M]. 北京:国家行政学院出版社,2014.

[6] 李江平,李晓东. 车辆和驾驶人管理概论[M]. 北京:人民公安大学出版社,2013.

[7] 王勇. 中华人民共和国条约法问题研究(1949—2009 年)[M]. 北京:法律出版社,2012.

[8] 安托尼·奥斯特. 现代条约法与实践[M]. 江国青,译. 北京:中国人民大学出版社,2009.

[9] 仪君. 道路交通法律制度研究[M]. 黑龙江:黑龙江人民出版社,2003.

[10] 王勇. 条约在中国适用之基本理论问题研究[M]. 北京:北京大学出版社,2007.

[11] 张文显. 法理学[M]. 北京:高等教育出版社、北京大学出版社,1999.

[12] 王立志. 国际航空法的统一化与我国的利益历史逻辑与理性回应[M]. 北京:法律出版社,2014.

[13] 李毅. 国际公法、国际私法、国际经济法教学法条[M]. 北京:中国人民大学出版社,2014.

[14] 胡思继. 综合运输工程学[M]. 北京:清华大学出版社,2005.

[15] 韩燕熙. 条约解释的要素与结构[M]. 北京:北京大学出版社,2015.

[16] 朱景文. 全球化与中国[M]. 北京:中央编译出版社,1998.

[17] 朱景文. 关于法律与全球化常见的几个问题[M]. 北京:中央编译出版社,1998.

[18] 外交部条约法律司. 主要国家条约法汇编[M]. 北京:法律出版社,2015.

[19] 王晓广. 全球化背景下中西法律文化冲突论纲[D]. 吉林:吉林大学,2009.

[20] 徐岩. 升中国国际话语权所面临的问题及解决对策[D]. 吉林:延边大学,2012.

[21] 严存生. 全球化中法的一体化和多元化[J]. 陕西:法律科学,2003,05(006):81-87.

[22] 刘旺洪. 全球化:法律统一的范围及其限度[J]. 江苏:金陵法律评论,2001 年春季卷:17-23.

[23] 周兰领. 应重新加入联合国《道路交通公约》[J]. 北京:中国律师,2014,08:64-65.

[24] Klaus Gunther, Legal Pluralism or Uniform Concept of Law. http://www. Helsinku. Fi/nofo/NoFo5Gunther. pdf.